BLU ZINE ^{03}

차를 마시다

[BLUZINE]의 세 번째 이야기는 '차를 마시다'입니다.

"차(茶) 좋아하시나요?"
얼마 전까지, 누군가가 이렇게 질문을 해온다면 대답은 '아니요' 혹은 '글쎄요'
였을 겁니다. 최근 들어 차를 즐기는 사람이 많아졌다고는 하지만, 여전히 차는
나와는 거리가 먼, 누군가의 고상한 취미 정도였지요. 게다가 차의 독특한 향과
쌉싸름한 맛은 차와 친해지기가 더욱 어려웠습니다.

대다수의 사람들이 '차'라고 하면 여유, 휴식, 쉼 등을 떠올립니다. 쉽게 테이크
아웃으로 들고 다니며 마실 수 있는 커피와는 달리, 차는 제대로 마시려면 잠깐
몇 분의 시간이 필요하기 때문입니다. 찻잎을 우려내는 몇 분의 시간, 사실 그리
오랜 시간은 아님에도, 그 잠깐의 멈춤은 매일을 바쁘게 살아가는 우리에게 살
짝 부담으로 느껴지기도 하지요.

하지만 어쩌면, 이 잠깐의 멈춤이 지금 이 순간 우리에게 가장 필요한 것이 아
닐까 생각해봅니다. 차를 우려내며 갖는 잠깐의 여유는 바쁜 일상에 지쳐있던
우리에게 쉼이라는 작은 행복을 선사합니다. 실제로도 차는 스트레스 완화와
심신안정에 도움이 된다고 하죠. 차의 테아닌이라는 성분 때문에요.

[BLUZINE]의 세 번째 이야기는 '차를 마시다'입니다. 바쁜 일상이지만 잠깐 시
간을 내어 차 한 잔 마시면서 주변을 둘러보고 잊고 있던 일상을 다시 한 번 되
새겨보는 것은 어떨까요? 차를 마시는 데는 (기존의 선입견과는 달리) 격식이 그리
중요하지 않습니다. 형식보다는 차를 마시는 행위 그 자체가 중요하죠. 차를 우
릴 때의 기다림과 편안함, 그 순간의 작은 행복을 한 번이라도 느낀다면 당신도
차 한 잔 마실 수 있는 여유를 가질 수 있을 거예요.

우리, 차 한 잔 하실래요?

COFFEE or TEA?
이 순간 TEA라고 말하고 싶은 당신을 위해

우리나라에도 차를 즐기는 사람들이 점점 늘어나고 있다. 커피에 비하면 아직도 그 수가 미미하기는 하지만, 분명 차에 관심을 갖는 이들이 많아지고 있는 것은 사실이다. 그럼에도 쉽게 접근하기 힘든 것은, 다른 기호음료에 비해 훨씬 더 긴 역사를 가지고 있는 만큼 다양성이 두드러지고 전문성이 강조되기 때문이다.

알고 제대로 마시면 분명히 더 많은 것을 누릴 수 있다. 하지만 제대로 알고 마셔야 한다는 편견 때문에 차를 즐기지 못하는 것은 바보 같은 것이다. 차가 얼마나 매력적이고 아름다우며 동시에 건강한 음료인지 직접 마시고 느껴보아야 한다.

꼭 알아야만 누릴 수 있는 것은 아니다. 우리의 미각은 생각하는 것 이상으로 섬세하고 동시에 무척이나 주관적이다. 자꾸만 반복해서 차를 만나면 만날수록, 우리는 차를 알게 되고 차에 익숙해지게 될 것이다. 그 첫걸음을 위해, 여기 10가지 종류의 차를 소개하려 한다. 느낌이 와 닿는 차부터 하나씩 섭렵하다보면 어느새 차와 함께 일상을 보내는 나의 모습을 발견하게 될 것이다.

차가 일상이 되는 그날까지, Drink!

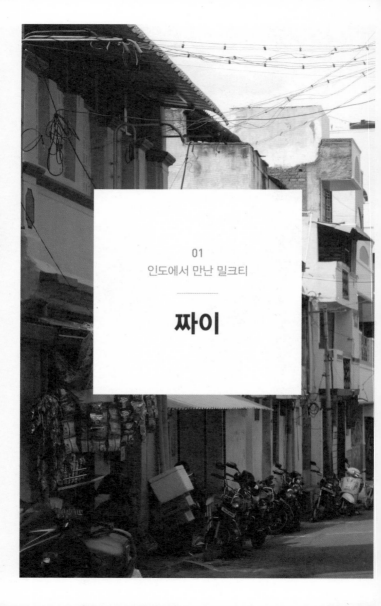

01
인도에서 만난 밀크티

짜이

짜이를 마신다는 것은
단순히 차를 마신다는 의미가 아니다.
짜이로 하루를 시작하고
짜이로 하루를 마감하는 인도인,
그들에게 짜이란 삶과 애환이
녹아있는 것이다.

글 · 이유진

2007년 홍차를 만난 이후 차에 대한 경험과 지식을 끊임없이 확장해가고 있다. 현재 인도 첸나이 아메리칸 스쿨에서 유일한 아시안 보더로 활동 중이다. 앞으로 이야기할 10가지 차에 대한 글은 모두 그녀가 썼다.

짜이, 인도의 일상

추운 겨울날, 바깥의 찬 기운을 털어내며 집안으로 들어섰다. 곧바로 가스불을 켜고 밀크팬을 올려 우유를 끓인다. 홍차잎을 넣고 바글바글 끓여낸 후 적당량의 설탕을 넣어 묵직한 도자기 컵에 조르륵 따라낸다. 겨울의 한기를 녹여줄 딱 적당한 온기, 이것이 밀크티를 좋아하는 이유다. 그런데 1년 365일 찌는 듯한 더위가 계속되는 이곳 인도에서도 역시 밀크티를 즐긴다. 바로 짜이(Chai) 말이다.

짜이, 짜이~ 짜이, 짜이~

인도에서 흔히 들어볼 수 있는 소리다. 마치 노랫가락 같다. 인도인들은 차를 무척이나 사랑한다. 역사적인 배경이나 이유를 막론하고, 차는 그들의 일상 속에 깊이 자리하고 있다. 인도인들이 말하는 차, 즉 짜이는 바로 바글바글 끓인 우유와 진하게 우려낸 홍차를 섞어 설탕을 듬뿍 넣은 달달한 밀크티이다. 길거리를 걷다보면 셀 수 없이 많은 짜이숍을 만날 수 있다. 그뿐 아니라, 자전거에 짜이를 싣고다니며 배달하는 인도인들도 쉽게 볼 수 있다. 집에서 깨끗하고 맛있게 끓여내 각종 공공기관이나 회사로 배달하는 사람들도 있다. 예전에는 초벌구이 한 진흙컵에 차를 따라 마시고 바닥에 던져 깨어버렸는데, 아쉽게도 요즘에는 대부분 종이컵이나 유리컵을 이용한다. 인도도 많이 변했다. 하지만 인도인이라면 누구나 하루에 최소 대여섯 잔의 짜이를 마신다. 그 사실은 변함없다.

다양한 짜이의 세계

인도의 짜이라고 하면 흔히 마살라 짜이(Masala Chai)를 떠올린다. 향신료의 향이 진하게 배어 있는 밀크티 말이다. 하지만 짜이와 마살라 짜이는 확연히 다르다. 남인도에서는 마살라 짜이를 주문하면 즉석에서 생강을 빻아 함께 끓여낸, 코끝이 알싸한 짜이를 내어준다. 일반 짜이는 한 잔에 8루피(150원 정도), 마살라 짜이는 한 잔에 10루피(200원 정도)이다. 생강향이 진한 마살라 짜이는 감기 기운이 있어 몸이 으슬으슬할 때 마시면 특히 좋다. 한 잔 마시면 오한이 달아난다.

날이 워낙 덥다보니 우유를 바글바글 끓여야 안전하다. 게다가 당분 섭취도 필요하다. 그래서 다들 짜이를 마신다. 짜이 한 잔이면 하루의 피로가 풀린다. 밀크티가 다 거기서 거기려니 하지만 우유와 홍차, 설탕의 양에 따라 그 맛이 미묘하게 달라진다. 내 입맛에 맞는 짜이숍을 찾아가는 재미도 쏠쏠하다. 여행길 낯선 곳에서 맛보는 첫 만남의 짜이도 매력적이다. 오래된 마을에서는 여전히 말린 코코넛을 태워 우유와 차를 끓인다. 가스불로 끓이는 짜이와는 확연히 다른 맛을 느낄 수 있다. 아날로그의 낭만이 녹아있는지도 모르겠다.

모두가 티 마스터

아무리 작은 짜이숍이라 해도 그곳에서 차를 만드는 사람들을 모두 티마스터라 부르는데, 이들은 대부분 드넓은 차밭이 펼쳐진 케랄라 주에서 온다고 한다. 짜이를 만든 후 위에서 아래로 차를 들이부어 거품을 내며 식히는 모습도 장관이다. 이를 멋지게 해내는 티 마스터에게 감탄사와 박수를 보내보자. 한없이 커다란 눈동자로 해맑게 웃어줄 것이다.

집에서 만드는 짜이는 길거리 짜이의 그 맛을 재현해내기에 턱없이 부족하지만, 비가 내리는 아침이라든지 아이들이 짜이를 찾을 때에 한 번씩 솜씨를 발휘해본다. 인도 친구 집에서 배워온 진짜 인도식 짜이 만들기. 대충 만들어도 무조건 맛있지만 손맛에 따라 맛이 달라진다는 게 인도 짜이의 진짜 매력이다!

TEA TALK

오리지널 인도 짜이 만들기

재료 우유 200ml, 홍차잎(가루 상태인 dust 혹은 ctc) 2티스푼, 설탕 2티스푼

작은 냄비에 우유를 끓인다. 우유가 바글바글 끓어오르면 홍차잎을 넣고 진하게 우러날 때까지 끓여낸다. 설탕을 넣어 한 번 더 끓어오르게 한 뒤 마무리. 거름망에 걸러 찻잔에 따라 마신다.

02
차 한 잔의 여유

툴시 허브티

바쁜 일상을 살아가는 현대인에게
여유와 기다림은 어쩌면 지금 이 순간
가장 필요한 덕목일지 모른다.
허브와 향신료를 섞어 우려낸
이 독특하고도 오랜 전통은 마음의 평화와
심신의 안정, 스트레스 해소를 우리에게 선사한다.
일상에 지쳐있다면, 허브티 한 잔과 함께
지금 이 순간을 천천히 음미해보는 것은 어떨까.

허브의 여왕, 툴시

오가닉 인디아(Organic India)의 툴시(Tulsi) 허브티를 처음 만난 것은 인도에서였다. 인도의 허브티 브랜드라는 것도 무척이나 매력적인 요소지만, 무엇보다 USDA 오가닉 인증 마크와 재활용한 종이로 만든 패키지, 생분해가 되는 티백 등 지구의 미래를 걱정하고 이를 위한 발걸음에 동참하는 Earth Seer 자격을 지닌 브랜드라는 사실이 눈길을 끈다.

허브티, 개중 상당수를 차지하는, 향신료와 함께 우려낸 차는 어쩌면 아득한 고대로부터 시작되었는지도 모르겠다. 언제부터인가 인도인들은 향신료와 허브를 우려낸 차를 마셔왔는데, 허브티 혹은 아유르베다 티라는 이름으로 우리에게 떠들썩하게 알려진 이 오랜 전통은 그들에게는 아주 평범하기 그지없는, 그저 당연한 일상으로 긴 세월동안 함께 흘러오고 있었다. 자신이 요가를 하고 있다는 것을 모른 채 일상 속에서 요가를 행하고 있는 수행자의 모습처럼 말이다.

허브의 여왕으로 알려져 있는 툴시, 다른 이름으로 홀리 바질(Holy Basi)은 인도에서 불로장생의 영약으로 알려져 있는 식물이다. 5천년 전 고대 인도에서부터 전해 내려오는, 흔히 말하는 웰빙을 위한 특효약 되시겠다. 오가닉 인디아에서 나오는 툴시 라인의 차는 이를 바탕으로 만들어진다.

때로는 약처럼

흔히 들어봤을 법한 허니 캐모마일(Honey Chamomile)이나 스위트 로즈(Sweet Rose), 스위트 레몬(Sweet Lemon)뿐만 아니라, 면역력을 강화시켜주고 자연스러운 디톡스 효과를 기대할 수 있는 진저 터메릭(Ginger Turmeric), 스트레스 해소에 탁월한 효과를 주는 감초(Mulethi), 긴장 완화와 기억력에 도움을 주고 머리를 맑게 해주는 브라흐미(Brahmi, 또는 바코파), 배변활동을 돕는 툴시 락스(Tulsi Lax), 소화불량을 해결해주는 툴시 터미(Tulsi Tummy), 숙면을 도와주는 툴시 슬립(Tulsi Sleep), 간과 신장의 피로를 풀어주는 툴시 클렌즈(Tulsi Cleanse)와 같은 다양한 허브티를 구비하고 있다. 유럽이나 미국의 브랜드들은 인도의 이러한 허브티에서 영감을 받아 다양한 라인의 블렌딩 티를 만들어내고 있다. 요가의 경지에 오른 사람을 일컫는 요기(Yogi)라는 이름으로 티를 만들어내는 미국 브랜드도 같은 맥락이다. 독특한 허브와 향신료를 블렌딩하여 마음의 평화와 심신의 안정, 디톡스와 스트레스 해소에 좋은, 현대인에게 꼭 필요한 블렌딩 티를 만든다.

경우에 따라 허브티를 상비약처럼 사용하기도 한다. 몸이 으슬으슬하고 감기 기운이 느껴질 때 허니 캐모마일을 연거푸 우려내어 물처럼 종일 마신다. 하루 종일 차를 마시고 잠이 든 다음 날, 한결 가볍고 개운해진 몸을 느낄 수 있다. 속이 더부룩하거나 소화가 잘 되지 않을 때는 툴시 터미를 마시거나 툴시 터미 블렌딩 티의 상당량을 차지하는 페퍼민트 티를 마신다. 한때 우리나라에서도 강황가루가 한창 건강식품으로 인기였는데, 디톡스를 원할 때는 진저 터메릭 티로 면역증강을 꾀한다. 자연 식품인 허브티로서 섭취하기 때문에 최소한의 부작용으로 자연스럽게, 또 천천히 몸의 원기를 채워나갈 수 있다.

Problem? No Problem!

워낙 빠르게 변화하는 시대에 살고 있는 우리들이다보니, 조금만 느리고 조금만 쳐져도 매사 마음이 불안하기 짝이 없다. 에어컨이 고장 나서 AS신청을 하면 내일 온다던 에어컨 기사는 2주가 지나도 오질 않고, 2분만 기다리면 도착한다는 친구는 20분을 기다려도 오지 않는다. 이 모든 것이 'Problem'인데도 매사에 'No Problem!'을 외치는 여유만만한 인도인들과 부대끼며 3년이라는 시간을 지내다보니 여유와 기다림, 천천히 살아가는 것의 중요성과 소중함에 대해 깨닫게 된다. 고대의 지혜가 담긴 허브티 한 잔과 함께 지금 이곳에서의 이 순간을 찬찬히 만끽해보련다.

TEA TALK

허브티는 차가 아니다?

여기서 잠깐 허브티에 대해 이야기하자면, 사실 허브티의 제대로 된 표현은 허벌 인퓨전(Herbal Infusion)이다. '차(茶)'의 정의는 엄연히 따지자면 차나무의 잎을 가공해서 우려낸 물을 말한다. 즉 차나무의 잎이 아닌 허브, 루이보스, 향신료 등은 차로 이름 불려서는 안 되는 전혀 다른 맥락의 음료인 셈이다. 그러나 현미차, 오미자차, 보리차 등 '차'라면 마시는 것은 무엇이든 다 포용하고 있는 큰 범주의 단어로 흔히 사용되고 있는지라, 차나무의 잎을 이용한 차와 그렇지 않은 차를 머릿속에서 구분하고 마시면 좋을 듯하다. 차나무의 잎을 이용한 차는 녹차, 우롱차, 홍차, 백차, 황차, 흑차, 이렇게 6가지 종류가 있다고 생각하면 된다.

03
향기를 마시다

얼 그레이

중국 홍차에 베르가못 오일이 더해진
얼 그레이는 독특한 향을 자아낸다.
특유의 향이 호불호를 나누기도 하지만
그 강렬한 향은 어느 새 우리 마음을 사로잡는다.
베르가못 오일의 비율에 따라
맛도 향도 다른 얼 그레이를 하나씩
섭렵하며 비교하는 재미는 덤이다.

첫사랑 같은 차

학생 시절부터 차를 무척이나 좋아했다. 특히 허브티나 녹차를 무척 좋아해 자주 마셨던 기억이 난다. 그저 커피보다 섬세한 맛과 향이 매력적이기에 종종 마셨는데, 차를 제대로 공부하며 마시게 된 지금에는 조금 더 색다른 느낌으로 다가온다. 아직도 갈 길이 멀기는 하지만, 처음으로 차를 공부하며 마시기 시작했을 때의 그 짜릿함과 호기심은 지금도 잊을 수 없다. 그때는 지금처럼 특히 선호하는 중국차나 몇 가지 브랜드의 차를 골라 편식하기보다는 무조건 다양한 종류의 차를 마셔보고, 마셔보고, 또 마셔보곤 했다. 그 당시 처음으로 빠졌던 차가 바로 얼 그레이(Earl Grey)다.

중국차와 베르가못 향의 만남

차 이야기에 있어 중국을 빼놓을 수 없다. 어떤 브랜드에서건 만나볼 수 있는, 서양을 대표하는 홍차 중 하나인 얼 그레이의 시작이 중국차였으니 말이다. 얼 그레이는 중국의 차를 맛보고 그 맛에 반해 같은 맛과 향의 차를 주문해 만들었다는 그레이 백작의 이름을 따서 만들어졌다. 일반적으로 전통적인 얼 그레이는 중국 홍차를 베이스로 하여 베르가못 향을 더한 차를 일컫는다. 조금 더 전문적인 용어로 말하자면, 얼 그레이는 홍차잎에 향을 더한 가향 홍차의 일종이다.

호불호가 분명한 향

우리에게 아주 익숙하지만은 않은 베르
가못 향은 호불호가 갈리는 향기 중 하나
이다. 얼 그레이 티를 우려내면 화장품 냄
새가 난다며 진저리를 치는 사람들이 있
는 반면, 그 향기를 음미하며 찬찬히 한 잔
을 깨끗하게 비워내는 사람도 있다. 처음
얼 그레이와 사랑에 빠진 이후로, 모든 브
랜드의 얼 그레이를 수집하고 맛보는 일이
가장 중요한 취미가 되었다.

포트넘 앤 메이슨(Fortnum and Mason), 해
로즈(Harrods), 하니 앤 손스(Harney and
Sons), 에디아르(Hediard), 딜마(Dilmah),
트와이닝스(Twinings), 니나스(Nina's), 실
버팟(Silver Pot), TWG, 마리아주 프레르
(Mariage Freres), 베질루르(Basilur) 등, 전
세계 각 브랜드에서 나오는 얼 그레이를
하나씩 섭렵하면서 베이스가 되는 홍차는
무엇인지, 어떤 블렌딩이 추가되었는지, 맛
과 향에 어떠한 차이가 있는지 등을 비교
하며 마시는 재미가 쏠쏠했다.

해석도 블렌딩도 다양한

그중에서도 가장 자주, 가장 많이 마셨던 얼 그레이는 해로즈와 포트넘 앤 메이슨이다. 일본에 건너갈 일이 있을 때마다 혹은 지인들에게 부탁할 수 있을 때마다 몇 통씩 사서 쟁여두고는 생각날 때마다 거의 매일 우려 마셨다. 영국의 티 브랜드인 해로즈와 포트넘 앤 메이슨의 얼 그레이는 기본에 충실한, 아주 멋스럽고 신사다운 얼 그레이다. 과하지 않고 딱 적당한 만큼의 향을 전하고 긴 여운을 남기는 얼 그레이.

그 다음으로 좋아하는 것이 마리아주 프레르의 얼 그레이 프렌치 블루(Earl Grey French Blue)이다. 클래식한 얼 그레이와는 조금 다르게 파란색 콘플라워(Cornflower, 수레국화)가 그득해 더욱 향긋하게 느껴지는 색다른 얼 그레이다. 산뜻하면서도 고급스러운 베르가못 향기와 화사한 꽃향기가 더해져 우아하고 아름다운 풍미를 선사한다.

전 세계적으로 많은 사랑을 받는 만큼 브랜드별로 해석도, 블렌딩도 제각각이라 다양한 얼 그레이를 만나보는 즐거움은 특별하다 할 수 있다. 오늘은 얼 그레이 한 잔을 우려보자. 익숙한 듯 익숙하지 않은 낯선 향기를 찬찬히 음미하다 보면, 어느 새 그 매력에 흠뻑 빠지게 될지도 모를 일이다.

TEA TALK

다양한 종류의 얼 그레이

세계에서 가장 유명한 홍차 중의 하나인 얼 그레이는 많은 사람들의 사랑을 받고 있는 가향 홍차이다. 그래서인지 각 브랜드에서는 클래식 얼 그레이 외에도 다양한 버전의 얼 그레이를 구비하고 있는데, 스모키함을 더해 강렬한 인상을 심어주는 스모키 얼 그레이(Smoky Earl Grey), 기본 베이스를 홍차에서 녹차로 바꾼 얼 그레이 그린(Earl Grey Green), 홍차 대신 백차를 베이스로 한 화이트 얼 그레이(White Earl Grey), 시트러스 향을 더한 유자 얼 그레이(Yuzu Earl Grey), 과일이나 초콜릿 향을 더해서 만든 얼 그레이 등 상상을 초월하는 종류의 얼 그레이들이 만들어지고 있다.

[INSIDE 1]
홍차를 사랑한 그녀, 제인 오스틴

#1

나는 마주한다. 어제의 그녀를 오늘도. 몇 번째인지 뜨거운 물을 붓고는 나를 내려다보는 시선. 생각하고 있다. 아래에서 쳐다보는 누군가의 얼굴은 대부분 무표정하다. 나는 그녀의 손가락만 스쳐도 대충의 기분을 짐작할 수 있다. 조급할 때도, 기분이 좋을 때도, 누군가에게 서운할 때도. 행복과 설렘으로 가득한지, 때로는 약간의 두려움과 슬픔이 섞인 복잡 미묘한 상황인지를 알 수 있다. 나를 우려내는 오른쪽 팔목 스냅의 반복적인 행동과 속도, 투명한 물에 진한 잉크를 스포이트로 한 방울 떨어뜨린 것처럼 천천히 퍼져나가는 찻잎의 농도를 물끄러미 바라보는 눈빛, 입 가까이에서 뜨거운 김을 불어대는 모습은 그녀를 파악하기에 충분하다.

#2

나는 그녀와 단 둘이 있을 때도 많지만 다른 이들과 마주할 때도 적지 않다. 동그란 원탁 테이블에 둘러앉아서는 이야기가 끊이지 않는다. 옆집 사는 누구네 딸들의 혼사 이야기, 당장 오늘 저녁에 가족들과 함께 할 저녁 식탁 이야기들이 계속해서 이어진다. 테이블 위를 핑퐁처럼 오가는 이야기들은 다시 한 번 재가공되고 있다. 나를 꽉 움켜쥐고 있는 손에 힘이 들어가는 건 머릿속에서 뭔가를 되뇌고 있다는 신호다.

#3

그녀에게 나는 없어서는 안 될 존재이다. 아침에 눈을 떠 나와 함께하지 못하면 그녀는 양치질을 하지못한 텁텁함을 느끼는 듯하다. 서재 대신, 모두가 잠든 다이닝 테이블 위에서 그녀는 나와 독대하는 시간을 통해 위로받고 있는 것이다.

나는 제인 오스틴의 찻잔이다.

홍차 한 잔을 마시며 나누던 이야기

제인 오스틴의 작품에는 당시 영국의 생활 풍경과 함께 홍차를 마시는 장면이 빠짐없이 등장한다. 작품 속 등장인물들의 수많은 대화는 다이닝 테이블에 둘러앉아 이야기를 나누었던 일화들을 바탕으로 매우 현실감 있게 재현되었다. 홍차를 준비하고 접대하는 것을 즐겼던 [오만과 편견] 속 엘리자베스의 일상은 티 소믈리에 역할을 자처했던 제인 오스틴 자신의 모습이 투영된 것은 아닐까. 제인 오스틴에게 있어 핫 포트에 뜨거운 물을 붓고 각자의 잔에 홍차를 따라주며 인사를 건네는 순간은 그 어느 때보다 평화로운 일상이었다. 또 모두가 잠든 밤에 마시는 차 한 잔은 일상으로부터 벗어날 수 있게 하는 훌륭한 매개체였다. 차를 사랑하는 만큼 그녀는 스스로를 존중했다. 차를 마시는 순간만큼은 자신이 원하는 것에 도달하게 만드는 최면과도 같았다.

티 타임, 나를 사랑하는 방식

세상은 변했다. 제인 오스틴이 살았던, 그녀가 소설에서 그려냈던 당시의 모습과는 다르다. 하지만 스스로가 어찌할 수 없는, 나 자신을 둘러싼 외적인 환경의 압박과 순간의 갈등은 그때나 지금이나 같다. 그래서 우리는 외부로 뻗어있던 시선을 내 안으로 돌리는 시간, 즉 혼자만의 시간이 필요하다. 내 삶의 장치를 만들어야 하는 것이다. 그것은 잠시의 산책이 될 수도, 뜨거운 샤워기 물줄기 아래 서 있는 것일수도, 일상을 떠나 아무도 없는 곳으로 여행을 떠날 수도, 혹은 따뜻한 홍차를 마시며 이야기를 나눌 수도 있다. 모두에게는 각자의 방법이 있다.

자신을 사랑하는 방식은 다양하다. 그러나 한 가지 중요한 것은 자신이 원하는 그 순간에 도달하는 시간의 길고 짧음이다. 당장 실천할 수 있는 것, 일상 속에서 늘 나와 함께 할 수 있는 것, 큰마음 먹지 않고도 지금 당장 의자에서 일어나 할 수 있는 나만의 처방전이 필요하다.

얼마 전에 만났던 한 아티스트가 이런 질문을 던졌다.

> "당신은 오늘 창밖을 5분 이상 바라보았나요?"
> "당신은 오늘 컴퓨터 모니터를 5시간 이상 바라보았나요?"

> 뜨끔하다면,
> 나를 사랑하는 방식
> 차 한 잔 할까요?

글 · 도현영

10년간 한국경제TV에서 경제 시사 전문 앵커로 일했고, 현재는 작가이다.
최근에는 진정한 아름다움을 지닌 10명의 여성을 소개하는 [그녀들의 멘탈 뷰티]를 썼다.

04
홍차의 샴페인

마리아주 프레르의
인도 다원 다즐링

'홍차의 샴페인'이라 불리는 다즐링은
다원에 따라, 수확 시기에 따라
그 맛과 향이 달라지는 오묘한 차다.
그중에서도 히말라야 산맥의 정기를 그대로
이어받아 섬세한 풍미를 자아내는
인도의 다즐링 차는 무척이나 특별하다.

프랑스의 오래된 티 브랜드

차를 조금이라도 아는 사람이라면, 혹은 조금이라도 관심이 있는 사람이라면 누구나 알고 있을 법한 마리아주 프레르(Mariage Freres)는 전 세계적으로 많은 사람들에게 사랑받고 있는 프랑스의 오래된 브랜드이다. 무려 1854년부터 시작된 마리아주 프레르는 프랑스 브랜드인 만큼 매력적이고 유니크한 조합의 가향차(flavored)뿐만 아니라 전 세계에서 가장 품질 좋은 차들을 구비해두고 있다. 인도, 네팔, 중국, 스리랑카는 물론이요, 심지어 일본, 태국, 미얀마, 인도네시아, 그리고 우리나라의 녹차까지도 이곳에서 만나볼 수 있다.

그중에서도 베스트, 다원 다즐링

마리아주 프레르의 모든 차가 참으로 훌륭하고 아름답지만, 그중에서도 특히 다양한 다원 다즐링(Darjeeling) 티가 베스트가 아닐까 싶다. 전 세계 그 어느 지역의 차와도 비교 불가한 인도의 다즐링 티는 히말라야 산맥의 정기를 그대로 이어받아 만들어지는 무척이나 특별한 차다. 스페셜티 커피와 유명한 와이너리의 와인이 유명하듯, 특히 다즐링 중에서도 기후, 토양, 고도 등의 떼루아에 따라 그 맛과 향이 달라지는 다원 다즐링 티(Single estate tea)는 그 섬세한 풍미를 직접 느껴보아야 한다. 글로써 아무리 설명하고 표현해도 그 감동을 직접 느껴보지 않고서는 공감할 수 없다. 그래서 다즐링 수업을 할 때면 언제나 다즐링 티백과 일반 다즐링, 그리고 다원 다즐링을 비교 시음하도록 한다. 본인의 미각을 의심할 만큼 아름다운 다원 다즐링을 맛본 이들은 그 즉시 온갖 종류의 찬사를 늘어놓고 다원 다즐링 티와 사랑에 빠진다.

마리아주 프레르는 차에 대한 애정이 대단한 브랜드인 만큼, 인도 다즐링에 위치한 각 유명 다원의 일정 구역을 직접 사들여 관리함으로써 최고 품질의 다즐링 다원차를 선보이고 있다. 캐슬턴(Castleton), 남링(Namring), 해피 밸리(Happy Valley), 암부티아(Ambootia), 싱불리(Sinbulli), 아리야(Arya), 리시핫(Risheehat), 참링(Chamling), 정파나(Junpana), 푸타봉(Puttabong), 오렌지 밸리(Orange Valley) 등 다양한 다원의 차를 첫물차(First flush), 두물차(Second flush), 유기농 다원차 등 최고 품질의 다즐링으로 만나볼 수 있는 것이다.

Giddapahar
1ˢᵗ flush 2015

Singell T.E.
Organic Muscatel
2ⁿᵈ flush 2015

PUSSIMBING T.E.
ORGANIC
2ᴺᴰ FLUSH 2015

Exclusive
2ⁿᵈ flush 2015

Sungma T.E.
Organic Musk
2ⁿᵈ Flush 2015

봄의 홍차

한 해의 봄에 가장 먼저 채엽한 차를 첫물차, 늦은 봄에 두 번째로 채엽한 차를 두물차라고 한다. 첫물차는 소생하는 봄의 기운과 싱그러움을 그대로 간직한, 섬세하기 이를 데 없는 풍성한 아로마와 부케를 고스란히 느낄 수 있고, 두물차는 이보다 더 풍성하고 다양한, 그러면서도 깊은 풍미를 입 안 가득 느낄 수 있다. 머스캣이나 플럼, 멜론과 같은 과일 향부터 장미와 아카시아, 야생꽃과 같은 꽃향기를 다양한 각도로 음미할 수 있는 차이기도 하다. 같은 시즌에 채엽한 차라고 해도 다원에 따라 그 풍미가 각양각색으로 달라지기 때문에 매년 봄 시즌이 다가오면 다양한 다원 다즐링을 만날 생각에 가슴이 두근거린다.

늘 한 잔의 차로 만나곤 했던 다원의 찻잎을 인도 다즐링에서 직접 어루만지고, 그 떼루아를 직접 걸으며 느끼는 감동은 가히 인생 최고의 순간이 아닐까 싶다. 구름 위에 서 있는 듯한 착각에 빠질 정도로 운무와 구름이 가득한 그곳, 그 사이사이로 보이는 파랗기 그지없는 하늘과 무척이나 상쾌한 맑고 시원한 공기, 찻잎에 맺힌 촉촉한 아침 이슬까지, 완벽한 한 잔의 차를 만들어내기 위한 천혜의 조건이 갖추어진 바로 그곳 다즐링. 마리아주 프레르에서 선보이는 신선하고 좋은 품질의 다즐링으로 그곳을 다시 찾지 못하는 아쉬움을 달래 본다. 다원 다즐링 한 잔이면 모든 것이 마법처럼 치유된다. 그것이 바로 다원 다즐링의 마력이다.

TEA TALK

다원 다즐링 맛있게 우리기

재료 찻잎 3g, 물 200~300ml (90~100도) / 3~5분

다즐링 홍차는 기본적으로 일반 홍차처럼 100도의 물에 우려주면 되지만, 다원 다즐링이나 시즈널 다즐링(첫물차/두물차)은 살짝 식힌 물에 우려주면 조금 더 섬세한 맛과 향이 살아남을 느낄 수 있다. 차를 우리기 전에 티 포트와 찻잔을 예열하면 더욱 좋다. 기본적인 레시피는 위와 같으나, 본인의 취향에 따라 찻물 양을 조절해서 우리도록 한다. 티 포트는 2개를 준비하면 좋다. 예열한 티 포트에 찻잎을 넣고 뜨거운 물을 부은 후 뚜껑을 덮어 정해진 시간만큼 우려낸 후 거름망을 이용해 역시 예열된 티 포트나 저그에 걸러준 후, 첫잔부터 끝잔까지 같은 농도로 차를 즐긴다.

[INSIDE 2]
해외의 다원기행
실론티의 나라, 스리랑카
캔디, 누와라엘리야, 우바를 다녀오다

'실론티'로 알려진 스리랑카의 홍차. 실론은 스리랑카의 옛 이름이다. 인도양의 보석이라 불리는 스리랑카는 인도의 남부 해안 지역의 끝에서 떨어진 눈물과 같은 모양으로 위치하고 있다. 남중부 지역에 솟아오른 산들을 제외하고는 대부분 편평하게 펼쳐진 해안 평야지대인데 차밭은 남중부 지역의 산악지대에 펼쳐져 있다. 스리랑카의 홍차는 산악지대의 해발고도로 인해 벵골 만에서 부는 서풍과 인도양에서 부는 동풍의 영향을 받는데다 기온 차도 커 찻잎에 미묘한 개성이 형성된다. 그래서 지대의 고도별, 산지별로 다양한 특징을 가진다.

스리랑카는 스코틀랜드인 제임스 테일러에 의해 아삼 품종의 차나무가 재배되었고, 1872년에 처음으로 실론의 홍차가 런던에 도착하였다. 차나무 재배에 성공한 뒤 실론 남부로 뻗어 나가는 산맥의 서쪽 경사면에는 다원 밀집지대가 형성되었다. 수십 년 전에는 5대 홍차 산지를 지정하였지만, 지금은 두 곳이 늘어나 7대 홍차 산지를 지정하였는데 해발고도가 높은 순서대로 누와라엘리야, 우다푸셀라와, 우바, 딤불라, 캔디, 루후나, 사바라가무와이다.

산악지대를 타고 올라가는 경사면에 끝도 없이 드넓게 펼쳐진 초록빛 다원의 모습이 아직도 눈에 선하다. 연구원에서 매년 산지연수로 떠나는 스리랑카의 차 산업은 100만 명 이상의 사람들이 차 산업에 종사하고 있는 가장 큰 산업으로, 차의 재배부터 제조, 포장, 유통까지 전 과정을 공부할 수 있다. 그중에서 가장 먼저 들렸던 캔디의 차 박물관, '실론티의 샴페인'이라 불리는 오렌지빛 황홀한 홍차 한 잔이 잊히지 않는 누와라엘리야, 그리고 기적적으로 일정이 맞춰져 최상급 차를 구할 수 있었던 우바 하일랜드 티 팩토리가 특히 기억이 난다.

스리랑카 차 산업의 역사 현장
| 캔디

드디어 스리랑카 수도인 콜롬보에 도착하여 숙소에 짐을 풀고 그 다음 날 가장 먼저 향한 곳은 스리랑카 옛 수도인 캔디(Kandy)의 차 박물관이었다. 캔디를 중심으로 그 주변의 산악 지대에서도 차나무들이 재배되고 있다. 캔디의 다원들은 해발고도 700~800m에 위치해 그곳에서 차나무를 재배해 생산되는 홍차는 중지대 티로 분류된다. 계절풍의 영향을 받지 않아 연중 기후의 변화가 적다. 품질이 안정적이고 생산량도 많아 티 블렌드를 중심으로 폭넓게 사용되고 있다. 이로 인하여 캔디 티는 부드럽고 가벼운 개성을 나타내는 경우가 많다. 차밭의 중간에 큰 나무들이 심어져있는데 이것은 셰도우 트리로 뜨거운 태양 아래 그늘을 주어 일조량을 조절해주는 것이다. 박물관에 들어서면 제임스 테일러의 흉상이 가장 먼저 반겨준다. 스리랑카에서 가장 큰 산업인 차 산업에서 제임스 테일러의 남긴 업적뿐만 아니라 스리랑카의 차와 사람들을 사랑했던 그의 진정성이 스리랑카인들에게 가슴 깊이 남아 있다고 했다. 1층에는 1800년대부터 사용하던 차 제조를 위한 기계들이 시대별로 전시되어 있었다. 2층은 다양한 스리랑카 차 브랜드를 구경할 수 있고, 3층에서는 차밭 인부들을 감시했다고 하는 망원경도 볼 수 있었다. 스리랑카를 방문한다면 꼭 가볼만 한 곳이다.

차나무 재배로 개척된 리틀 잉글랜드
| 누와라엘리야

'실론티의 샴페인'이라 불리는 누와라엘리야(Nuwara Eliya)의 홍차는 기대 그 이상이었다. 도로 사정이 좋지 못하고 워낙 산악 지역의 꼬불꼬불한 길을 한참 올라가서 만난 페드로 다원. Lovers Leap에서 팀원들과 함께한 오렌지빛의 향긋한 홍차 한 잔은 선물 그 자체였다. 체리처럼 달콤하고 오렌지처럼 상큼한 향과 맛이 피곤한 몸과 마음에 위로를 주는 듯 했다.

스코틀랜드인 개척자들이 자신들의 고국을 생각하면서 만들었다고 하는 도시가 해발고도 1800m에 위치한 누와라엘리야이다. 스리랑카의 중남부에 위치하며 차나무가 재배되기 전까지는 마을조차 없던 미개척지였다고 한다. 누와라엘리야는 대통령, 정부 고위급 별장도 있고, 영국 건축 양식의 건물들이 들어서 있어 작은 유럽 같았는데 '리틀 잉글랜드' 라고도 한다.

스리랑카 홍차 산지 중에서 해발고도가 가장 높은 이 곳은 아침, 저녁 기온이 5~14도, 낮기온이 18~25도로 열대나라 치고는 서늘하여 지내기에도 좋다. 기온 차로 인해 찻잎에는 특유의 향미가 생기는데, 그 향이 누와라엘리야 홍차의 특징이다. 이 홍차의 특징은 대부분 찻잎이 2~3mm 정도의 작은 크기인 BOP 등급이며, 추출 시간이 짧지만 상쾌한 자극의 떫은맛과 깔끔한맛이 있다는 점이다. 1월에서 2월에 벵콜 만 쪽에서 불어오는 서풍으로 인해 찻잎이 차가운 바람이 맞아 강한 향미의 퀄리티 시즌 티 라는 고품질의 홍차가 생산된다. 퀄리티 시즌의 티는 풋풋한 풀향의 푸른 사과, 민트의 향이 복합된 것 같은 싱그러운 향미를 풍긴다.

세계 3대 홍차 산지
| 우바

다즐링, 기문과 함께 세계 3대 홍차의 산지로 유명한 곳이 바로 스리랑카 동남부의 해발고도 1400~1700m에 위치한 우바(Uva)이다. 우바의 티 팩토리와 사전 예약이 되어 있지 않아 방문이 순조롭지 않았지만 가는 길에 극적으로 성사가 되어서 매우 기뻐했고 더 기대되었던 곳이었다.

벵골만에 접한 산악지대의 급경사면에 펼쳐져 있으며 7월에서 8월에는 인도양에서 불어오는 계절풍이 산에 부딪치면서 차고 건조한 바람이 불어 내려 하루에도 여러 차례 피어오르는 안개를 걷어 치워 찻잎을 단숨에 건조시킨다. 이 바람과 안개와 강한 햇빛으로 인해 우바 지역 특유의 과일향과 자극적인 떫은 맛이 생긴다고 한다.

스리랑카의 티 팩토리에서 생산하는 홍차는 대부분 BOP(Broken Orange Pekoe)급이었다. 대부분 정통 홍차를 생산하지만 찻잎을 시들리는 위조 과정 후에 바로 로터베인으로 잎을 분쇄한다. 전 세계 홍차 소비의 95%가 티백 형태기 때문에 잎차의 생산이나 수요가 그만큼 적을 것이다.

정통 방식으로 생산한 우바의 홍차에서는 사과향을 상큼하게 내면서 맛은 상쾌하고 자극적인 떫은맛이 난다. 찻물은 주황색 계열의 빛기가 도는 붉은색을 띤다. 이 티는 세계 최고급의 홍차로서 매우 높은 가격으로 거래된다. 7~8월 퀄리티 시즌 외의 찻잎에서도 장미와 같은 꽃향이 난다. 맛은 강하면서도 약간은 부드러운 떫은맛이 있다. 찻빛은 짙은 붉은 색을 띠어 밀크티에 사용하기에 좋은 티로 평가받고 있다.

스리랑카 곳곳의 다원, 차 공장(티 팩토리), 박물관, 티룸 등 티의 문화와 역사가 스라랑카 자체인 듯 했다. 산악 지대별로 개성 있고 다양했던 차의 맛과 향은 시간이 지나도 잊히지 않는 귀한 선물이었다. 스리랑카 홍차의 역사는 병충해의 피해를 입은 커피나무의 비극에서 시작되었다고 한다. 스리랑카 홍차는 비극이라 생각했던 일이 생각지도 못한 축복으로 연결되어 전세계 많은 사람들에게 지금까지 기쁨을 주게 된 것 아닐까.

글 · 홍정연

한국 티 소믈리에 연구원 팀장으로 티 소믈리에 심화 과정을
교육하며 스리랑카, 인도 산지 연수를 진행하고 있다.
사진제공 한국 티 소믈리에 연구원

05
한 잔의 차로 떠나는 여행

TWG
Weekend Tea

차 한 잔이 선사하는 특별한 일상.
다양한 도시가 수놓아진 TWG Weekend Tea 한 잔이면
전 세계 어디든 갈 수 있는 것이다.
미처 가보지 못했던 곳이든, 추억 한켠에 자리한 곳이든,
그 장소를 떠올리며 한 잔의 차를 비워내는
그 순간을 만끽해본다.

우리 집 테이블 위에서 즐기는
세계 유명 도시에서의 아침 차 한 잔

"한 잔의 차로 떠나는 여행"

이 문구는 참 많은 이들의 영감과 감성을 자극했나보다. 각 브랜드에서 파리 브랙퍼스트, 상하이 브랙퍼스트, 뉴욕 브랙퍼스트, 러시안 브랙퍼스트, 도쿄 브랙퍼스트 등, 도시나 나라의 이름을 딴 브랙퍼스트 티를 만들어 우리 집 테이블 위에서 세계적으로 유명한 도시에서의 아침 차 한 잔을 즐기는 기분을 선사해주던 것이 그 시작이었는지도 모르겠다. 파리 브랙퍼스트를 한 잔 마시며, 2000년 파리에서 보냈던 그 시간, 반짝이는 에펠탑에 열광하던 그 순간, 샹젤리제의 어느 카페에 앉아 차 한 잔을 홀짝이던 그 순간, 한 자리에서 100년 이상의 전통을 지켜온 마리아주 프레르에 들러 차향에 흠뻑 취했던 그 순간의 기억들을 떠올리며 한껏 추억에 젖어본다.

싱가포르에서 탄생한 브랜드 TWG TEA에서는 여행자를 위한 티 라인을 선보였다. 한 잔의 차를 통해 티 루트(Tea Route)와 스파이스 루트(Spice Route)로 나누어 주말여행을 떠나는 콘셉트이다. 참으로 귀가 솔깃하지 않은가. 차 한 잔으로 떠나는 주말여행이라니! 누구에게도 양보하고 싶지 않은 한 잔의 차가 아닐 수 없다.

티 루트를 따라 떠나는 주말여행

티 루트에는 Weekend in Singapore, Weekend in Hong kong, Weekend in Dubai, Weekend in Saint Tropez, Weekend in Venice가 있다. 싱가포르에서 보내는 주말 티는 홍차에 붉은 과일과 아니스, 캐러멜 향이 더해져 감각적인 여행으로 이끌고, 홍콩에서 보내는 주말 티는 녹차와 파란색 콘플라워가 어우러지고 루바브와 몰티한 토피향이 더해져 활기 넘치는 시간을 보내도록 하며, 두바이에서의 주말 티는 싱그러운 녹차에 이국적인 꽃과 과일이 가득 더해져 꿈과 같은 도시에서의 시간을 경험할 수 있도록 한다. 생트로페에서의 주말 티는 홍차에 붉은 과일과 베리가 가득해 따스한 햇살 아래 마음껏 늘어져 즐길 수 있는 여름날의 휴일을 만끽할 수 있도록 하고, 베니스에서의 주말 티는 녹차에 풍성한 파인애플과 베리 향이 더해져 우아하고 고급스러운 장미향이 함께 어우러지는 운하 도시에서의 시간을 선사한다.

스파이스 루트를 따라 떠나는 주말여행

티 여행 못지않게 매혹적인 스파이스 루트에는 Weekend in Bombay, Weekend in Casablanca, Weekend in Shanghai, Weekend in Istanbul, Weekend in Moscow가 있다. 봄베이에서의 주말 티는 다즐링 첫물차에 베르가못의 향이 더해진 강렬하고 카리스마 넘치는 시간을, 카사블랑카에서 보내는 주말 티는 녹차와 홍차의 매력적인 조합에 민트향이 더해진 잊을 수 없는 시간을 선사한다. 상하이에서의 주말 티는 녹차에 잘 익은 베리와 풍성한 꽃과 민트가 더해져 싱그러움 넘치는 시간을 보내도록 하고, 이스탄불에서의 주말 티는 백차와 녹차와 홍차의 오묘한 조합에 생강과 과일향이 어우러지는 완벽한 한때를 즐기게 한다. 모스크바에서의 주말 티는 녹차와 홍차에 장미꽃잎, 그리고 베르가못과 아몬드의 향이 어우러져 향기로운 봄날의 여행으로 우리를 안내한다.

차 한 모금의 추억

상상만으로도 흡족한 여행지에서의 주말. 한 잔의 차를 우려내고 그 향기에 흠뻑 취해 낯선 도시로의 여행을 꿈꿔본다. 차향이 내 주위의 공간을 가득 채워나가면 찻잔에 입술을 대고 천천히 차를 한 모금 머금어본다. 입 안 가득 퍼지는 향기에 온몸의 감각이 구석구석 깨어나는 듯한 기분을 느낀다. 미처 가보지 못했던 그곳, 혹은 추억의 한켠에 자리하고 있는 그 장소를 떠올리며 한 잔의 차를 비워내는 그 순간을 오롯이 누려본다.

알랭 드 보통의 [여행의 기술]에서도 언급했듯이, 어쩌면 짐을 꾸리고, 숙소와 비행기를 예약하고, 공항에서 비행기를 기다리고, 교통수단을 여러 번 갈아타며 정신적으로도 육체적으로도 피로한 진짜 여행을 떠나는 것보다 이렇게 한 잔의 차와 함께 우아하고 편안하게 훌쩍 여행을 떠나는 것이야말로 이상적일지도 모르겠다. 여행을 참 좋아하지만, 차 한 잔과 떠나는 여행은 결코 포기할 수 없는 행복한 나만의 비밀 여행이다.

추천 TWG TEA

TWG TEA의 고향인 싱가포르를 방문할 일이 있으면 꼭 추천하는 곳이 TWG 티룸이다. 싱가포르 면세점에서도 모든 종류의 차를 구입할 수 있다. 워낙 다양한 종류의 차를 구비하고 있다보니 고르는 것 또한 일인데, 선물용으로 인기가 좋은 몇 가지 차를 소개해본다.

1. New York Breakfast Tea	깊고 풍부한 초콜릿 향과 아삼 홍차가 어우러진, 강렬하면서 달콤한 차이다.
2. Happy Birthday Tea	발랄하고 경쾌한 패키지부터 매력적인, 레드베리와 바닐라가 섞인 부드러운 홍차이다.
3. Vanilla Bourbon Tea	달콤한 바닐라가 가향된 루이보스 티. 카페인이 없어 남녀노소 누구나 즐길 수 있다.
4. Tibetan Secret Tea	달콤한 과일과 향신료가 절묘하게 어우러진 편안하고 차분한 느낌의 홍차.
5. White House Tea	잘 익은 과일과 장미향이 더해진 섬세하고 매혹적인 백차이다.

홍차의 대중화를 이끈 립톤

"가장 큰 음료 브랜드 중 하나로 120년의 오랜 역사를 자랑하며,
전 세계적으로 가장 많이 판매되는 차 브랜드입니다."

에디터·성스레

립톤(Lipton)
홍차를 비롯, 녹차, 아이스티,
허브티 등을 제조·판매하는
영국의 차 브랜드

토마스 립톤에 의한 홍차 대중화의 시작

영국의 티 브랜드 립톤은 설립자 토마스 립톤의 이름에서 유래했다. 본래 홍차는 수입유통 절차가 까다로워 중개인이 중요한 역할을 하였는데, 이 때문에 수수료가 비쌌고 홍차는 일부 상류층만 즐길 수 있는 기호품이었다. 상류층의 전유물 홍차가 대중화된 것은 바로 립톤의 설립 이후라고 볼 수 있다.

립톤이 홍차를 출시하였을 때는 저렴한 인도산의 수입으로 홍차가 일반인들의 기호품으로 확대되고 있던 시기였다. 이때 토마스 립톤은 중개인을 거치지 않고 직접 원료를 공수해 공급 단가를 낮추고자 스리랑카 실론 지역의 차 농장을 사들였고, 유통 단가를 낮춤으로써 보다 쉽게 접할 수 있게 된다.

토마스 립톤(Thomas Lipton, 1850~1931)

1850년	스코틀랜드 글래스고 출생
1864년	미국 여행 중 백화점 종업원, 방문판매원 등 다양한 직업을 거치며, 미국의 대형마트의 체계화된 운영방식을 습득
1871년	토마스 J. 립톤 컴퍼니 설립 후 식료품점인 립톤 마켓 오픈
1890년	립톤 홍차를 생산해 립톤 마켓에서 판매
1891년	미국 립톤이 전 세계적으로 확장되면서 공로 인정받음
1898년	빅토리아 여왕으로부터 기사 작위(Sir) 수여받음
1901년	영국 왕 에드워드 7세(Edward Ⅶ)로부터 빅토리아 왕가의 기사 훈장을 수여받음

©8821155

©greynblue

©rings_ringss

지금까지 립톤은 다양한 패키지,
제품으로 일상적인 음료로 자리하고 있다.

립톤, 세계적인 영국 차 브랜드로 거듭나다.

세계의 차 시장에서 티백은 높은 점유율을 차지한다. 티백의 간편함 때문에 차 산업과 문화가 유지되고 있는 것이다. 티백의 발명은 차를 보다 실용적으로 즐길 수 있게 했는데 그 시작은 영국의 발명가 A.V. 스미스로부터. 1896년 찻잎을 거즈에 싼 형태인 티볼(Tea ball)을 발명하였고, 1903년에는 로버타 C. 로손과 메리 맥클라렌이 면 주머니에 차를 넣어 찻잎 홀더를 만들었다. 그러나 정작 티백 홍차가 본격적으로 상용화 된 것은 1904년 어느 고객의 실수 때문이다. 뉴욕의 차 상인 토마스 설리번은 시음용 차 샘플로 실크에 찻잎을 담아 고객에게 나눠주었다. 이후 고객은 포장용으로 감싼 실크 주머니를 통째로 뜨거운 물에 우려내었다. 설리번은 실크 대신 거즈를 사용하여 티백을 만들었고 이는 곧 홍차 티백의 상용화로 이어질 수 있었다.

이어 립톤은 1910년 세계 최초로 브랜드명과 차 우려내는 방법을 티백 태그(Teabag Tag)에 새겼는데 이는 립톤이 세계적인 영국의 차 브랜드로 거듭나는 데 일조했다. 1952년에는 더블챔버 티백을 개발해 특허를 받았는데 기존의 2면으로 만들어진 티백보다 4면으로 이루어진 더블챔버 티백으로 보다 풍부하게 우러난 차를 즐길 수 있게 되었다. 최근에는 피라미드 티백으로도 출시하여 대중들에게 차의 새로운 경험을 선사하고 있다.

더블챔버 티백과 피라미드 티백
피라미드 티백은 내부 공간이 넓어 찻잎 사이로 물이 잘 통과되어 본연의 맛이 잘 살아있다.

차 한잔 그 이상 : 광고와 캠페인으로 대중화의 날개를 달다

기존 홍차에 비해 저렴하고 품질 좋은 립톤 홍차는 주로 영국, 미국, 캐나다 등에서 인기를 얻었다. 그 인기에는 제품의 품질뿐만 아니라 광고와 캠페인도 큰 역할을 했는데, 립톤의 광고에 쓰인 문구와 캠페인 내용을 보면, 당시 립톤이 대중에게 어떤 방식으로 다가가고, 어떻게 홍차의 대중화를 이끌어냈는지를 알 수 있다.

자료출처
세계 브랜드 백과 | 인터브랜드
유니레버 공식 홈페이지 www.unilever.co.kr
립톤 공식홈페이지 www.liptontea.com

01. 농장에서 찻주전자까지

Direct from the tea gardens to the tea pot

1890년 광고. 스리랑카 실론 지역에서 양질의 찻잎을 직접 수확하여 유통·제조되고 있음을 보여주고 있다.

02. 얼마나 즐거운지

How Delightful

당시 타사의 제품에 비해 싼 가격으로 차를 즐기는 것이 얼마나 즐거운 일인지를 나타내고 있다.

03. 립톤의 신선한 맛은 진정한 티 타임을 만들어요

Lipton's brisk flavor really makes tea time

유명인의 입을 통해 제품을 추천하는 방식으로 홍보했다.

04. '신선한'이라는 말은 립톤 플레이버를 위한 단어인가요

Is brisk the word for Lipton's flavor?

1940년대 중반, 과일향을 첨가한 립톤티 브리스크 플레이버의 출시 후 유명 영화배우 등을 기용해 소비자의 마음을 움직였다.

05. 왜 립톤의 팬이 되었냐고요? 립톤은 맛이 끝내줘요

What makes me a Lipton Tea lover? Lipton Tastes so darn good

1970년대에는 미식축구 선수 돈 메레디스가 모델이었다.

06. 이게 바로 브리스크야!

That's Brisk, Baby!

1990년대 중반, 펩시와 함께 아이스티 브랜드 브리스크를 출시. 이소룡, 앨비스 프레슬리, 브리스 윌리스 등을 기용하여 다양한 버전의 애니메이션 광고를 만들었다.

06
따뜻한 크리스마스를 위한 12월의 루이보스

떼오도르
25 Décembre Red

루이보스, 붉은 덤불이란 의미의
이 차는 남아프리카에서 시작되었다.
고산지에서만 자라는 침엽수로 만든
잎을 말아 잘게 잘라내며 카페인이 없어
부담 없이 누구나 즐길 수 있어
온 가족이 함께 하기 좋다.
떼오도르 루이보스 티 25 Décembre Red는
오렌지 껍질, 시나몬향, 트러스 과일향 등을
가향한 것인데 붉은 색감, 향긋함이
매일을 크리스마스처럼 특별하게
만들어주는 듯하다.

새로운 스타일의 프랑스 티 브랜드

한남동 골목 한켠에 자리한 떼오도르(THEODOR) 티숍. 특별한 인연 덕택에 원래도 참 좋아하던 브랜드였는데, 서울 한남동에 자리한 이후 더욱 애정 넘치는 브랜드가 되었다. 마치 친정집에 온 듯한 편안함을 느낄 수 있을 만큼 이곳은 익숙하고 정감 넘치는 장소이다. 늘 한결같지만 또 늘 새로운 이곳. 어쩌다 한 번씩 들르면 변함없이 반가운 얼굴로 차를 우려 주는 떼오도르의 티 마스터들도 마치 친자매처럼 편안하다. 1년에 고작 한두 번의 안부를 묻는 연락뿐이지만 그 마음만큼은 매일 만나는 사이 못지않다. 오래된 관계가 아니고, 자주 스치는 인연이 아니더라도, 마음이 통하면 마음이 동할 수 있다는 것을 새삼 깨닫는다.

마리아주 프레르가 전통 있는 프랑스 브랜드라면, 떼오도르는 통통 튀는 새로운 스타일의 신선한 프랑스 브랜드이다(생각해보니 나는 꽤나 프랑스 브랜드를 선호하는 듯하다. 하지만 각 나라별로 특유의 색깔을 지닌 다양한 브랜드가 있으니 기회가 된다면 다양한 브랜드의 차를 만나보도록 하자). 감성 넘치는 프랑스 작가가 만든 브랜드인 만큼, 블렌딩이나 티에 대한 스토리가 남다르다.

매일을 크리스마스처럼

중국 운남 홍차를 베이스로 하는, 이름부터 낭만적인 파리지앵 브랙퍼스트 (Parisian Breakfast), 달큰한 연유 향기가 일품인 JE 우롱(일명 밀키 우롱), 로터스와 피탕가(Pitanga), 무화과에 재스민과 장미, 베르가못이 뒤섞인 멜란지 오 (Melange O) 등 떼오도르에서 손꼽히는 티는 셀 수 없이 많다. 하지만 그중에서도 마음을 사로잡는 티가 하나 있는데, 바로 크리스마스 블렌딩의 루이보스티 '25 Décembre Red'이다. 레드 루이보스에 시나몬, 넛메그, 정향, 시트러스 과일 향에 샛노란 마리골드와 해바라기 꽃잎, 오렌지 껍질이 들어있는 크리스마스를 위한 티이다.

추운 겨울날, 온몸을 따스하게 해줄 향신료와 오렌지의 만남은 전형적인 크리스마스 티 블렌딩이다. 하지만 홍차가 아닌, 카페인이 전혀 들어있지 않은 루이보스를 베이스로 한 떼오도르의 이 티는 분명 색다른 풍미를 전해준다. 게다가 카페인이 없기 때문에 남녀노소 할 것 없이 아침이든 저녁이든 시간에 구애를 받지 않고 즐길 수 있다. 크리스마스를 위한 티이지만, 매일의 일상을 크리스마스처럼 특별하게 만들어줄 수 있는 티이기도 하다.

25 Décembre Red와 함께, 메리 크리스마스!

우리나라에서는 적극 공감하기 힘들지도 모르지만, 모든 이들이 두근거리는 마음으로 손꼽아 기다리는 큰 축제인 크리스마스. 떼오도르에서는 크리스마스를 기다리는 참기 힘든 조바심을 한 잔의 특별하고도 전통적인 크리스마스 티와 함께 하라고 권한다. 이 특별한 한 잔의 차 덕분에 작은 설렘과 기다림의 즐거움을 만끽하게 된다. 한 해의 마지막인 12월을 조금 더 특별하게 보낼 수 있는 방법이기도 하다.

매일 강렬한 햇발이 내리쬐고, 땀을 뻘뻘 흘리며 반팔을 입고 샌들을 신는 한여름의 크리스마스를 맞을 수밖에 없는 이곳 인도에서도 12월이 되면 가장 먼저 손이 가는 차가 바로 25 Décembre Red이다. 차를 한 모금 들이키면 뜨거운 몸이 더욱 뜨거워지지만, 그 온기는 마치 크리스마스 불빛처럼 반짝이고 크리스마스의 향기가 온 집안을 가득 채워 그 어떤 것으로도 2% 부족한 크리스마스의 분위기를 마저 채워주기 때문이다. 떼오도르의 25 Décembre Red와 함께, 메리 크리스마스!

TEA TALK

나만의 크리스마스 티 블렌딩

일반적으로 크리스마스 티는 홍차에 시나몬이나 아니스, 정향과 같은 향신료를 더하고 오렌지필이나 레몬필과 같은 시트러스 향을 더해서 만든다. 각 브랜드마다 자기만의 고유한 블렌딩 비율로 특별한 크리스마스 티를 만들고 있다. 시나몬이나 정향, 오렌지필이나 레몬필, 홍화, 핑크페퍼와 같은, 크리스마스와 어울리는 블렌딩 재료를 구해, 좋아하는 홍차잎에 적당한 비율로 재료를 섞어 나만의 크리스마스 티 블렌딩을 만들어보는 건 어떨까.

[INSIDE 4]
일상의 작은 행복들로 가득한 공간
떼오도르 이민선 티 마스터와의 인터뷰

에디터·김주현

다양한 스토리를 지닌 티 브랜드

떼오도르는 통통 튄다. 다양한 블렌딩, 그리고 핑크, 그린, 블루 등의 화려한 색감의 틴 케이스는 프랑스의 오랜 역사를 지닌 마리아주 프레르와 또 다른 느낌이다. 프랑스의 문학 작가 출신인 티 테이스터가 설립한 이곳의 티 이름은 마치 시구절 같은데 티 이름만 읽어도 향기로운 여정이 시작되는 것만 같다. 'La vie est pleine de petits bonheurs', 즉 인생은 작은 행복들로 가득하다는 브랜드 슬로건대로 떼오도르 티 한 모금에 작은 행복들로 가득 찬다.

"2002년에 만들어진 프랑스의 티 브랜드입니다. 스토리가 많은 브랜드예요. 문학 작가 출신 티 테이스터가 티 명칭이나 정보들을 하나의 이야기처럼 재미있게 풀어갑니다. 예를 들어, 카르페 디엠이라는 루이보스 티는 (티 테이스터의) 할머니와의 추억을 담았습니다. 어릴 적 할머니가 구워주신 아몬드 슈거 파이에 대한 향수를 티에 담은 것이죠. 이미지를 통해 자연스레 차의 맛과 향을 연상할 수 있습니다. 틴 케이스 뒤에는 저마다의 스토리가 적혀 있어요. 차 하나만으로도 다양한 이야깃거리가 있죠. 차를 즐기는 또 하나의 방법이에요."

파리지앵을 닮은 차

차를 즐기는 순간만큼은 작은 행복들로 가득했으면 좋겠다는 떼오도르가 색상별로 섹션을 구분한 것도 이러한 이유다. 틴 케이스뿐 아니라 그 위에 두른 띠 역시 16가지의 색으로 구별되어 있는데, 각각의 색에는 파리지앵하면 떠오르는 이미지를 담았다고 한다. 차를 편하고 재미있게 즐길 수 있도록 위트를 더해 이미지화 한 것이다.

> "블랙은 홍차 베이스에 오일과 꽃이나 과일 말린 것을 블렌딩한 가향 홍차 라인입니다. 그린은 녹차와 우롱차 베이스에 향을 더한 것이고, 핑크는 과일차, 마테차, 루이보스에 향을 더한 라인입니다. 화이트는 향이 들어가지 않은 클래식 티, 하늘색은 허브티 라인이에요. 케이스에 두른 띠는 세련됨, 질투, 뻔뻔함 등 파리지앵하면 떠오르는 이미지들을 16가지의 색으로 표현했습니다. 예를 들면, 빨간색은 욕심쟁이 캐릭터예요. 가끔 손님들이 시향하고 고른 티를 모아보면 취향 때문인지 띠 라인이 겹치는데, 어떤 캐릭터냐고 물어보시곤 해요. 설명해드리면 굉장히 재미있어 하죠."

차 본연의 맛에 집중하다

얼핏 화장품이나 물감통처럼 보이기도 한다. 통통 튀는 화려한 색상과 모던한 감각의 패키지는 자칫 젊은이들만이 즐길 것 같은 이미지다. 그러나 이민선 티 마스터에 따르면, 떼오도르는 차 본연의 맛과 향에 집중한다. 그래서일까. 어린아이부터 어르신들까지, 이곳을 찾는 손님들의 연령대는 매우 다양하다.

> "디자인에만 신경을 쓴 것처럼 보이지만, 무엇보다 찻잎 자체의 질에 굉장히 신경을 썼습니다. 차의 기본은 최대한 유지하면서 향을 살짝 입혀 부드러움을 더했습니다. 입에 감도는 잔향감이 특징이죠. 마니아들이 많이 찾는 브랜드예요. 찻잎에 대한 만족도가 굉장히 높은 편입니다."

가격대는 조금 있는 편이다. 하지만 그 단점을 상쇄할 만큼 뛰어난 품질을 자랑한다. 비교적 짧은 시간동안 수많은 사람들의 마음을 사로잡은 데는 그 맛과 향에 대한 자부심이 없이는 불가능한 일이다.

> "요즘에는 기간 대비보다는 특징 대비인 것 같아요. 누군가의 배경보다는 그 사람의 능력을 보듯, 차 역시도 얼마나 취향에 맞느냐의 문제인 거죠. 차는 골라 마실 수 있는 재미가 있습니다. 기분에 따라, 컨디션에 따라 다양하게 선택할 수 있죠. 특히 요즘에는 직접적으로 향을 즐기시는 분들이 많은데, 이곳에서는 모든 라인을 시향해볼 수 있어서 많이들 좋아하세요. 시즌마다 새로운 티를 선보이기도 하고, 무엇보다 맛이 있습니다. 제가 이곳에서 일하는 이유도 맛이 있어서예요."

편안한 분위기에서 차를 마시다

떼오도르는 파리 16구의 작은 부촌 골목에 위치해있다. 에펠탑 근처지만 관광지보다는 로컬들이 많이 사는 곳으로, 초반의 느낌을 그대로 살린 소박한 인테리어가 특징이다. 화려함보다는 편안하게 티를 즐길 수 있는 분위기다. 한국의 떼오도르 역시 북한남동의 한적한 골목에 위치해있다. 최대수용인원이 4명에 불과한 이 작은 공간은 티 바(tea bar) 형태로 운영된다. 공간이 협소해 헛걸음을 하는 건 아닐까 싶기도 한데, 신기하게도 그런 경우는 드물다고.

> "차에 집중할 수 있는 공간을 찾다보니 대로변보다는 조용한 골목에 자리하게 되었습니다. 뒤쪽으로는 공원과 산책로도 있어요. 마음의 여유를 갖기에 딱 좋은 곳이죠. 요즘 트렌드가 찾아가서 새로운 무언가를 경험하는 것이잖아요. 고즈넉한 곳이지만 많은 분들이 찾아오세요. 티 바 형태도 차에 집중하기 위해 선택한 거예요. 공간이 작아 회전율을 걱정하시는 분도 계신데, 보통은 기존 손님이 나갈 때 새로운 손님이 이어 들어오세요. 저희도 신기한 부분이에요."

이곳을 찾는 목적은 다양하다. 차향을 맡고 싶어서, 본인 취향에 맞는 차를 찾고 싶어서, 이야기를 듣고 싶어서, 어떻게 마셔야 하는지를 알고 싶어서 등등. 손님마다 차를 즐기는 방법이 다르기에 티 마스터가 각기 다른 방법으로 안내한다. 차에 대해 전혀 알지 못해도 괜찮다. 취향에 맞게 티 마스터가 원하는 느낌의 차를 골라줄 테니까.

> "이곳에서는 차에 관한 모든 것이 가능합니다. 차 전체의 시향을 원하시는 분도 계신데, 다 해드려요. 최대한 편안하게 차를 드실 수 있도록 노력하죠. 차를 잘 마시는 방법을 아는 것도 중요하지만, 형식에 얽매이다보면 차가 즐겁지 않거든요. 일상에서 차를 편히 즐길 수 있는 방향으로 안내를 해드리는 편이에요."

차, 일상의 작은 행복이 되는 그날까지

떼오도르의 티 클래스에서 주로 다루는 콘텐츠는 차와 티 푸드의 페어링이다. 일상에서 보다 차를 즐길 수 있는 방법이기 때문이다. 이곳 한남동 티 바에서는 차 자체에 집중하고자 티 푸드를 따로 판매하지는 않지만, 케이크 등 간단한 디저트는 따로 반입이 가능하며 티 마스터가 이에 어울리는 차를 추천해주기도 한다. (최근 오픈한 컨셉스토어 KUHO한남점에서는 티 푸드를 판매하고 있다)

> "최근에는 쌀을 주제로 클래스를 진행했어요. 쌀은 일상이잖아요. 생활적인 측면에서 다양한 제안을 하고 싶습니다. 김밥 하나를 먹더라도 좋은 차, 어울리는 차를 함께 마시면 시너지 효과가 있으니까요. 평소에 물을 마시듯 커피를 마시듯 차 역시 캐주얼하게 마시면 됩니다. 제대로 세팅해서 마실 수도 있지만 굳이 얽매일 필요는 없어요."

이민선 티 마스터는 이곳이 쉼표 같은 공간이 되길 바란다. 떼오도르의 브랜드 슬로건처럼 차가 일상의 작은 행복이 되기를. 최근 오픈한 컨셉스토어 KUHO한남점 역시 그러한 바람을 담았다. 구호의 플래그십 스토어 한켠에 자리한 컨셉스토어 KUHO한남점은 말 그대로 라이프스타일과 함께 즐기는 차를 표방한다. 들고 다니며 차를 마시는 것이 전혀 어색하지 않은, 차가 일상이 되는 그날을 위해 그녀는 오늘도 차를 내린다.

Name	황금처럼 귀한 차라는 뜻이다. 프랑스어로 Thé는 차, or는 황금을 뜻한다. 여기에 of를 뜻하는 전치사 de가 축약된 형태이다.
Customer	어린아이부터 어르신까지, 매우 다양하다. 이곳을 방문하는 목적도 다양하다.
Meeting	종종 티 클래스가 열린다. 관련 정보는 방문 시에만 알 수 있다.
Pluses	차에 대해 몰라도 좋아하는 향을 말하면 티 마스터가 원하는 느낌의 차를 골라준다. 1호점은 티 푸드를 판매하지 않지만, 간단한 디저트는 반입 가능하다.
Menu	홍차 및 루이보스 종류(Tin) 4만 5천원, 우롱 & 녹차(Tin) 5만 3천~5만 7천원, 티백 3만 7천원, 티 바 6천~8천원, 테이크아웃 5천~7천원

Address	서울 용산구 한남대로42길 31, 1층 (한남본점)
	서울시 용산구 이태원로253 구호FSS 내 위치(KUHO한남점)
Open	월~금 10:30~18:00, 토 10:30~15:00, 일요일은 휴무
Tel	070-7743-1190 (한남본점), 02-796-1107(KUHO한남점)
Homepage	www.theodorparis.kr

07
명랑한 하루를 보내는 방법

대만 **우룽차**

우롱차는 떫은맛이 없어
일상처럼 즐기는 차로,
표기방법에 따라 청차, 오룡차,
우롱차로 불리는데 갖가지 이름만큼이나
향미가 다양하다.
잘 우려내면 나는, 이슬을 머금은 듯한 꽃향이
하루의 시작을 산뜻하게 만들어주는 것만 같다.

무더운 여름날에 어울리는 청량함

세상에는 참으로 많은 차가 존재한다. 5천 년이라는 긴 역사를 자랑하는 음료인 만큼 그 종류는 상상을 초월한다. 매일 다른 차를 마신다고해도 죽는 날까지 세상의 모든 차를 마셔보는 것은 불가능할 것이다. 그래서 차의 세계가 더욱 재미있게 느껴지는지도 모르겠다.

모든 차를 좋아하지만 최근 2~3년간은 대만 우롱차와 함께 보냈다고 해도 과언이 아닐 만큼 대만 우롱차를 자주 마셨다. 무더운 나라 인도에 살고 있기 때문이다. 아무리 차가 비슷하게 느껴져도, 차마다 그 특징과 향기, 맛이 달라지기 마련이다. 일반적으로 대만 우롱차는 청아하면서도 달콤하고 상쾌한 향기가 일품이라, 마시면 머리가 맑아지고 산뜻해지는 기분이 든다. 그래서 추운 겨울날보다는 더운 여름날에 자꾸만 찾게 되는 것이다.

한국에 거주할 때는 계절별로 즐겨 마시는 차가 달랐는데, 봄에는 다즐링이나 녹차와 같은 싱그럽고 풋풋한 차를 즐겨 마시고, 여름에는 아이스티나 청량한 느낌의 우롱차, 비가 무섭게 쏟아지는 장마철부터 선선한 가을을 지나 쌀쌀한 겨울에 이르기까지는 묵직한 중국의 홍차나 우롱차를 골라 마시고는 했다. 사실 날이 추워지면 어떤 차를 고르더라도 만족스럽다.

그러나 35도를 웃도는 날씨가 계속되는 이곳 인도에서는 청량하고 가벼운 대만 우롱차를 주구장창 마시게 된다. 개인적으로는 우롱차를 딱히 싫어하지도, 선호하지도 않았는데, 날이 더울 때는 이보다 좋은 차가 없는 것 같다. 인도에 사는 덕분에 비슷한 듯 서로 다른 대만 우롱차의 매력에 푹 빠져들었다.

간편하게 차를 즐기는 방법

대만은 차의 천국이다. 우리 집 꼬마아가씨가 어렸을 때 함께 차 여행을 두어 번 다녀왔는데, 그 뒤로 펑리수에 대만 우롱차를 곁들여 마시는 티타임을 즐겨하고는 했다. 대만에는 왕덕전이나 천인명차, 진미다원과 같이 잘 알려지고 나름의 전통을 지닌 차 브랜드가 많다. 더불어 모던하면서 감각적인 패키지의 페코(Pekoe)나 Smith&Hsu, 소화제당, 미도리와 같은 신선한 브랜드가 공존하는 곳이다. 왕덕전의 티숍에서는 모든 차를 시음할 수 있는데, 연신 감탄하게 되는 고품질의 차는 물론이요, 고급스럽고 진중한 분위기와 차를 우려내는 티 마스터들의 노련한 손놀림 또한 인상적이다.

대표적인 대만 우롱차에는 동정우롱, 아리산우롱, 목책철관음, 문산포종, 동방미인 등이 있는데, 요즘에는 그 종류도 조금씩 다양해지고 있어 대만 우롱차를 만나는 재미가 쏠쏠하다. 차를 제대로 우려 마시는 것이 때로는 중요하지만, 매일 즐겨 마시려면 무엇보다 간편해야 하는 것도 사실이다. 그래서 특히 아이들과 함께 대만 우롱차를 마실 때면 '표일배'를 사용하고는 한다. 찻잎을 넣고 뜨거운 물을 부어 20~30초 정도 우려낸 다음, 버튼을 누르면 아래로 떨어지는 우려낸 찻물을 찻잔에 따라 마시면 된다. 그리고 또 다시 뜨거운 물을 부어 같은 동작을 여러 번 반복하면서 찻잎이 완전히 펴지고 찻물이 모두 우러나올 때까지 즐기면 되는 것이다.

찻잎이 아직 다 펴지지 않았는데 더 이상 차를 마실 생각이 없다면 다시백이나 일회용 티백에 우려낸 찻잎을 넣고 500ml 혹은 1L 물통에 넣어 물을 가득 채우고 냉장고에 넣어두었다가 다음날 꺼내어 아이스티로 즐기면 된다.

그 향기가 온몸을 휘감고, 입안으로 흘러 들어가는 찻물이 과일처럼 달콤한 대만 우롱차는 참 많은 사람들이 사랑하는 차이다. 그런 만큼 갑작스레 집에 찾아온 손님들에게 대접하기에도 참 좋고 우리 집을 찾은 꼬마 친구들에게도 인기 만점이다. 축 쳐지는 더운 날씨에는 청량한 대만 우롱차를 우려보자. 몸도 마음도 명랑해지는 비결이다.

문향배

좋은 우롱차를 즐기기 위해 만들어진 문향배는 가늘고 길쭉하게 생긴 다기로, 찻잔과 세트를 이루고 있다. 차향을 즐기기 위해 고안된 향 전용 찻잔으로, 우려낸 차를 문향배에 따른 후 찻잔을 뒤집어 뚜껑처럼 덮어두었다가, 문향배에 향이 스며들면 찻물을 찻잔에 부어내고 손바닥으로 문향배를 문지르며 남아 있는 향을 즐긴다. 일반 찻잔에서 향을 즐기는 것보다, 가늘고 긴 문향배를 이용하면 훨씬 더 제대로 향을 감상할 수 있다.

[INSIDE 5]
한국인이 사랑한 밀크티

바야흐로 밀크티 열풍이다. 특히 테이크아웃이 가능한 보틀 밀크티는 연일 SNS를 수놓으며 큰 인기를 끌고 있다. 홍차와 우유를 블렌딩한 밀크티, 그 독특한 맛과 향으로 인해 한때는 강렬한 호불호를 불러 일으켰으나 이제는 많은 이들이 찾는 음료가 되었다. 다양한 카페에서 밀크티를 메뉴로 선보이고 있으며, 가게마다의 독특한 패키지는 간편함과 개성을 추구하는 청춘들의 취향을 저격한다.

인스턴트 밀크티의 시초, 데자와

밀크티란 개념이 생소하던 시절, 데자와는 유일무이한 밀크티였다. 물론 그때도 누군가는 제대로 된 밀크티를 즐겼을 테지만, 어쨌든 지금처럼 차 문화가 발달하지 않았던 그 시절에 대중이 인식하고 있던 밀크티란 데자와가 아니었을까.

데자와는 한국인에게 가장 익숙한 로열밀크티를 표방한다. 향긋한 홍차와 부드러운 우유를 함께 넣어 끓이는 로열밀크티는 깊은 풍미를 자아낸다. 그러나 대부분의 인스턴트 차 음료가 그렇듯, 데자와 역시 실제 밀크티에 비하면 맛에 차이가 있다. 단, 밀크티를 마신다는 느낌은 주기 때문에 밀크티를 좋아하는 사람이라면 부담 없이 즐길 수 있다. 천 원 안팎이면 살 수 있어 주머니 사정이 여의치 않은 학생들에게 더할 나위 없다. 실제로도 데자와는 많은 학생들이 즐겨 마신다. 특히 서울대생이 가장 즐겨 마시는 음료로 기사가 나기도 했다. 데자와를 찾는 이들은 데자와만 마신다. '데자와를 사랑하는 사람들의 모임'이 온라인상에 개설되어 있을 정도로 두터운 마니아층을 보유하고 있다.

맛의 품격을 높이다, 대만 밀크티

대만은 차의 천국이다. 오랜 전통의 티 브랜드가 즐비하고, 연간 600여 종의 음료가 출시될 정도로 시장 경쟁도 치열하다. 덕분에 대만 여행자에게 대만 밀크티는 반드시 사들고 와야 하는 필수품이 되었다. 그중에서도 오후3시15분 밀크티가 특히 유명한데, 큼지막한 티백 안에 진짜 잎 차가 들어있어 깊은 풍미를 느낄 수 있다. 우리나라의 대형마트나 드럭스토어에서도 쉽게 만나볼 수 있다.

또 다른 대만 밀크티는 일명 '화장품통 밀크티' 즉 춘추이허다. 2년 전 일부 편의점에서 판매를 시작해 한때 품귀현상을 일으키기도 했다. 춘추이허의 가장 큰 특징은 독특한 패키지다. 화장품통을 연상시키는 감각적이면서도 미니멀한 디자인은 소비자의 수집욕구를 자극하며 마니아들을 양산했다.

맛과 볼거리를 모두 잡다, 각양각색의 보틀 밀크티

오늘날은 개성이 중요한 시대다. 사람들은 남들이 잘 알지 못하는 새로운 것, 독특한 것을 찾아 구석구석을 누비고, 이를 SNS에 올림으로써 자신의 취향을 과시한다. 최근 여러 카페에서 선보이는 각양각색의 보틀(혹은 팩 형태의) 밀크티는 이러한 소비자의 욕구를 충족시킨다. 또한 가볍게 들고 다니며 마실 수 있으니 시간에 쫓기는 현대인에게는 안성맞춤인 셈이다.

그렇다고 패키지 디자인에만 신경 쓴 것이 아니다. 까다롭게 찻잎을 고르고 정성을 다해 우려 맛도 있다. 보틀 밀크티의 대부분은 냉침(유리병이나 페트병에 적당량의 찻잎이나 티백을 넣고 냉장고에서 하루 정도 천천히 우리는 것)한 것으로, 오랜 시간 차갑게 우려내어 떫은맛이 거의 없고 카페인도 적다.

에디터·김주현

08
다양한 맛과 향의 예술

중국차

찻잎 본연의 맛을 즐기는 스트레이트 티.
중국차는 찻잎에 집중한다.
기본에 충실한 중국차에
화려함을 더하는 건 다예이다.
다예사가 화려한 몸짓으로 차를 내주고,
비워질 틈 없이 상대방의 잔을 채우며,
차의 맛에 활기를 더한다.

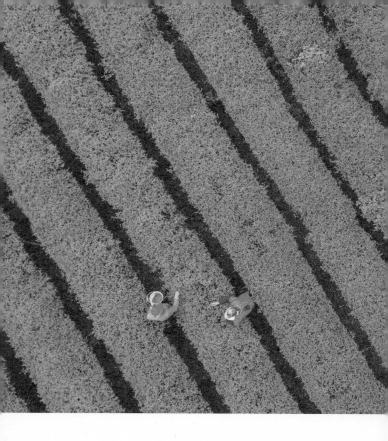

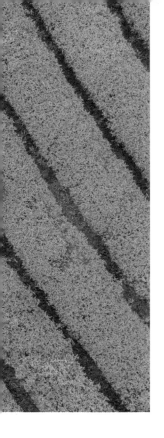

차 종주국 중국

세상에 차만큼 다양한 음료가 또 있을까! 꽃과 허브가 어우러진 화사한 블렌딩 티나 고급 오일을 사용한 향긋한 가향차는 미각과 더불어 시각과 후각을 자극해주어 일종의 아로마 테라피로도 사용된다. 이런 화려하고 아름다운 가향차를 만나는 즐거움도 무척이나 크지만, 차 본연의 향기와 맛에 집중한, 수수하면서도 자연스러운 매력이 가득한 스트레이트 티(straight tea)의 세계에 발을 들여놓으면 결코 헤어 나올 수 없다. 그중에서도 차의 무구한 역사를 자랑하는 만큼 찻잎 하나로 수많은 맛과 향을 창조해내는 중국차는 감히 예술이라고 표현할 수 있을 정도이다.

차에 대한 대중의 관심도가 점차 높아지면서 차 종주국인 중국의 차에 대한 관심도 급속도로 증가하고 있다. 그럼에도 불구하고 대중에게는 질 좋고 믿을 만한 중국차를 구입하는 일은 여전히 쉽지 않은 도전이다. 그런 사람들에게 꼭 추천하고 싶은 곳이 있다. 바로 인야(Yinya)이다.

한 잔의 차로 행복해지는 곳

홍대에 자리하고 있는 아담하고 아늑한 인야는 중국 노동부 소속의 전문 다예사가 운영하는 중국 찻집이다. 맛 좋고 향 좋은 차를 마시고 싶을 때, 혼자 고즈넉한 시간을 보내고 싶을 때, 좋아하는 친구와 수다를 떨고 싶을 때, 연인 혹은 부부가 둘만의 시간을 보내고 싶을 때, 아이들과 질 좋은 차를 마시고 싶을 때, 언제든 한 잔의 차로 행복해질 수 있는 공간이다.

중국차에 대해 전혀 알지 못해도 차를 주문하면 차에 대한 설명과 우리는 방법을 친절하게 설명해주기 때문에 걱정할 필요가 없다. 다른 곳에서는 만나볼 수 없는 중국식 디저트도 맛볼 수 있다. 또한 중국의 전통 찻자리에서 전문 다예사가 우리는 다양한 차를 맛보고, 각양각색의 중국 다구를 감상하고, 중국차 테이블의 매너를 배우고, 차에 얽힌 흥미로운 이야기를 들을 수 있는 중국차 티코스도 경험해볼 수 있는 참으로 특별한 공간이다.

다양한 중국차

세계 3대 홍차에 들어가는 우아한 기문홍차, 비가 내리는 날에 잘 어울리는 깊고 풍부한 풍미의 운남 홍차 전홍, 짙은 훈연향이 매력적인 정산소종, 황관음과 금관음의 절묘한 조합으로 홍차와 청차의 매력을 모두 지닌 황금홍, 화려한 단총의 향긋함과 홍차의 부드러운 단맛을 함께 선사해주는 색다른 단총홍차는 모두 인야의 베스트셀러인 중국 홍차이다. 속이 더부룩하거나 소화가 잘 되지 않을 때 꺼내 마시는 대홍포, 입 안 가득 상쾌함이 퍼지는 수선, 묵직하고 차분한 매력을 지닌 육계, 화사한 과일향과 꽃향기가 일품인 봉황단총은 언제 마셔도 매력적인 중국의 우롱차들이다. 감기기운이나 미열이 느껴지면 상비약처럼 마시고는 하는 백모단은 중국 백차의 하나로, 효능도 뛰어나지만 은은하면서도 깔끔한 맛과 향에 자꾸만 손이 간다.

바쁜 일상 속 작은 쉼표

이미 중국차의 매력에 빠진 사람들이나 중국차를 한 번도 경험해보지 못한 사람들에게 인야의 중국차는 신세계일 수밖에 없다. 제대로 우려내면 당연히 맛있겠지만, 무지와 게으름, 바쁜 일상 때문에 대충 우려낼 수밖에 없는 상황에서도 인야는 환상적인 맛을 선사한다는 지인의 표현을 빌려본다.

덕분에 집에서는 인야의 중국차가 떨어질 날이 없다. 내가 사랑하는 수선, 신랑이 좋아하는 백모단, 딸이 사랑하는 봉황단총, 아들이 좋아하는 전홍……. 인야의 중국차를 함께 우려 도란도란 마시는 가족의 티타임은 하루의 스트레스를 해소하고 자연스레 힐링을 추구하는 우리만의 의식인 셈이다. 중국차와 함께 하는 힐링 테이블, 스트레스 가득한 이 세상을 살아가는 모든 사람들에게 제안하고 싶은 시간이다.

TEA TALK

중국차를 선택하는 요령

중국차가 많이 알려졌다고는 하나 여전히 좋은 중국차를 구하는 방법에 대해 궁금해 하는 이들이 많다. 사실 중국차는 제대로 잘 골라 마시면 참으로 훌륭하고 멋진 한 잔의 차를 즐길 수 있지만, 그렇지 않을 경우에는 그 풍미를 전혀 느낄 수 없을 뿐더러 건강에 해를 끼칠 수도 있다. 그래서 일반인들은 중국차를 선택할 때에 믿을 만한 브랜드의 차부터 시작하는 것이 좋다. 전 세계적으로 유명한 티 브랜드를 통해 중국차를 만나거나, 위에서 소개한 인야와 같이 제대로 된 검사를 통해 검증된 중국차를 다루는 곳에서 차를 구입하도록 한다.

[INSIDE 6]
중국차의 소박함을 닮아있는 공간
인야(YINYA) 조은아 대표와의 인터뷰

중국차의 특징은 소박함이다. 격식에 얽매인 화려함이 아니라, 차 한 잔을 마시며 서로의 일상을 공유하고, 이를 통해 서로를 진심으로 이해하는 것이다. 중국차의 은은함을 닮은 카페 인야(YINYA, '우아함을 마시다'라는 뜻의 중국식 표현)의 조은아 대표를 만나 중국차에 대한 이야기를 나누었다.

안녕하세요. 자기소개 부탁드립니다.

중국 노동부 소속의 다예사입니다. 영어표현을 빌자면 티 큐레이터죠. 또 카페 인야와 인야 아카데미의 대표로 있으면서 차 수입 관련 사업도 진행하고 있어요. 그 외에도 대학이나 기업체에 외부 강의를 나가고, 책을 집필하는 등, 차와 관련된 여러 가지 일을 하고 있습니다.

티 큐레이터란 무엇인가요?

우선 중국의 다예 개념을 먼저 짚고 가야해요. 중국에서는 차 문화를 다예 문화라고 합니다. 여기서 '예'는 예술을 뜻하죠. 중국은 차 문화를 예술의 한 부분으로 생각합니다. 이렇게 이야기하면 차 예절 등 형식적인 면에 치우쳐 생각하기 쉬운데, 그보다는 옛날 선비들이 술 대신 차 한 잔을 마시며 철학적인 사유를 공유하고, 동시에 다룰 수 있는 악기를 연주하거나 시조 등을 지어 나누는 일종의 예술적 소통의 장이라고 보면 될 것 같습니다.

티 큐레이터, 즉 다예사란 차를 우리는 것뿐 아니라, 차를 중심으로 동양의 문화와 철학, 음악 등을 아울러 풀어가는 해설사의 역할을 합니다. 차 한 잔에 담긴 중국의 역사라든지, 테이블 세팅에 담긴 의미 등을 소개하는 것이죠.

중국 노동부 소속이라니 흥미롭습니다.

중국 현지의 모든 직업은 노동부에서 관리합니다. 노동부에서 발급하는 자격증이 있는데, 그 국가공인 시험을 통과하면 노동부 소속의 자격을 얻습니다. 중국 노동부 소속이라고 하니 중국인이냐는 오해도 가끔 받습니다만, 한국인입니다.(웃음) 중국차를 알리기 위해 뽑은 외국인 다예사예요. 현재 인야 아카데미는 중국의 교육기관과 자매결연을 맺고 교육과정을 교류하고 있습니다. 전문가 과정, 취미반, 티 큐레이터 과정으로 구성되어 있어요.

중국의 차 문화라고 하면 조금은 무겁게 느껴지기도 하는데요.

전혀 그렇지 않습니다. 중국에서 철학이란 생활의 한 부분이었어요. 예를 들면, 부부 싸움 후 화해하는 방법 같은 거죠. 일상에서 일어나는 여러 가지 일들에 대한 이야기와 방법을 나누는 것이 철학입니다. 보통 철학이라고 하면 거창하게 생각하기 쉬운데, 사실 어떻게 하면 사람답게 살 것인가의 문제잖아요. 실제로 중국에서 차 마시면서 하는 이야기를 들어보면 거의 술자리에서 하는 이야기랑 비슷하답니다.

중국차에 관심을 갖게 된 계기가 있다면요.

어릴 적 엄마를 따라 프랑스에 살았던 적이 있어요. 종종 엄마와 티타임을 갖곤 했죠. 한국으로 돌아온 후에도 주말마다 온 가족이 모여 티타임을 가졌어요. 처음에는 오렌지주스 등을 마시다가 5살 즈음부터 차를 마시기 시작했는데, 사실 당시에는 차가 맛있어서라기보다는 그 분위기가 편안하고 좋아서 마셨죠. 그러다보니 차가 좋아졌어요. 덕분에 차는 저에게 휴식의 이미지예요. 그중에서도 중국차를 선택한 것은 중국차가 제 입맛에 가장 잘 맞았기 때문입니다. 중국차를 배우고자 중국으로 유학을 갔고, 운 좋게도 그곳에서 좋은 분들을 많이 만나 꾸준히 공부를 하게 되었죠.

중국차의 매력을 꼽자면?

동양의 차 문화는 느긋하고 사색하는 문화입니다. 개인적으로는 그 문화가 매우 편하게 느껴졌어요. 많은 분들이 서양의 홍차를 마시다가 중국차를 마시면 많이들 놀라세요. 서양차는 맛을 설명하면 바로 그 맛과 향이 직접적으로 느껴지거든요. 그런데 동양차는 그렇지 않습니다. 서양의 경우 테이스팅의 기준이 혀에서 느껴지는 감각입니다. 반면 동양은 차를 다 마시고 나서 올라오는 그 후미를 기준으로 합니다. 예를 들어 '시트러스 계열의 향이 난다'고 했을 때, 서양차는 누가 봐도 오렌지가 느껴지지만, 동양차는 한참 마시고 나서야 오렌지를 먹은 후의 느낌이 나는 거죠.

결정적으로는 차 문화에 격식이 없다는 겁니다. 물론 전통은 존재하지만 말 그대로 전통일 뿐입니다. 다예 문화의 전통은 전문가가 알고 이를 후세에 전달하면 되는 것이고, 대다수의 사람들은 그저 이야기를 나누기 위해 차를 마시죠. 격식을 차리면 이야기에 방해가 되기 때문에 편안하게 자신이 마시고 싶은 대로 차를 마시고, 우리고 싶은 대로 차를 우립니다. 어떻게 마셔야 한다는 개념이 없으니 차를 마시는 게 매우 편하고 즐거운 일이 되었습니다. 중국 현지에 가면 차 문화가 굉장히 소박함을 볼 수 있습니다. 굉장히 잘 사는 분들도 화려한 다기보다는 그냥 저렴한 다기에 편하게 마십니다. 도구보다는 차 자체에 집중하는 경우가 많아요. 찻잔이 비면 따라주는데, 사람들은 따라주든 말든 신경을 쓰지 않습니다. 감사 인사를 하고 싶으면 손가락으로 테이블을 두어 번 치는 정도입니다. 이야기의 맥이 끊기지 않게요. 중국의 차 문화는 굉장히 열려있는 문화입니다.

중국차에 대해 설명해주세요.

중국차는 전반적으로 7대 다류로 불립니다. 녹차, 백차, 황차, 청차, 홍차, 흑차, 가공차의 7종류죠. 이 안에서도 수천 가지의 차가 있습니다. 이 모든 다류의 품종을 보유하고 생산할 수 있는 나라는 중국뿐입니다. 자원이 풍부한 나라예요. 덕분에 차를 만드는 기술도 매우 세분화되어 있습니다. 너무나도 다양해서 어느 것이 맞다 틀리다 이야기할 수 없을 정도입니다. 즉 중국차의 최대 특징은 결국 다양성이라고 할 수 있습니다. 중국차의 역사는 5천년이 넘어가는데, 단 한 번도 쇠퇴의 길을 걸은 적이 없습니다. 역사가 깊은 만큼 이야깃거리도 많지요. 그래서 티 큐레이터의 역할이 매우 중요합니다. 중국차를 보다 재미있게 마시기 위해서요.

우리나라 차 문화와는 비슷한 듯 꽤나 다른 느낌이에요.

한중일 3국이 서로 영향을 주고받은 것은 확실해요. 일본 다도 문화는 송나라 시대에 넘어온 것이죠. 아무래도 차의 시작이 중국이다 보니 한국 역시 중국으로부터 많은 영향을 받았습니다. 하지만 각자의 패턴대로 발전을 했어요. 한국의 경우 '다례'라고 합니다. 예를 중시하는 문화죠. 여기서 예는 차를 마시는 예절이 아니라 말 그대로 예, 즉 주인이 차를 낼 때 정성과 예를 다해 대접한다는 의미입니다. 일본은 다도 문화입니다. 차 한 잔을 통해 나를 돌아보는 데 초점을 맞추죠. 중국의 다예는 교류, 공유의 수단입니다. 이렇듯 전혀 다른 모습으로 이어지고 있어요.

이제 인야의 이야기를 해보죠. 인야에는 다양한 클래식 티뿐만 아니라 다양한 혼합차가 있어요. 메뉴의 아이디어는 어디서 얻나요?

실제로 각각의 음료에 대해 배웠어요. 물론 커피도 배웠습니다. 주로 중국 현지에서 배웠는데, 블렌딩을 배우기 위해 중국 회사에 취직하기도 했어요. 크게 블렌딩 라인과 베리에이션 라인이 있는데요. 블렌딩은 말라있는 상태의 찻잎이랑 부재료를 섞어 혼합한 뒤에 우려먹는 방식이고, 베리에이션은 액체 대 액체의 혼합, 예를 들면 우려낸 차와 커피나 우유 등을 섞어 마시는 방식입니다. 계속해서 연구하고 있는 분야입니다. 대중에게 쉽게 다가가는 분야이기도 하고요. 대신 인위적인 것보다 클래식을 좋아하는 편이라 최대한 클래식을 건드리지 않는 선에서 만드는 편입니다. 거의 대부분이 클래식에 기반을 두고 있어요. 중국의 블렌딩은 서양과는 그 목적성이 다른데, 맛보다는 건강에 초점을 둡니다. 맛과 향은 두 번째 문제입니다. 중국차는 체질을 따지고 사상의학을 따지고 궁합을 봅니다. 건강하기 위해 마시다보니 입맛에 맞지 않는 경우도 많죠. 블렌딩 기법도 다릅니다. 서양은 찻잎의 향을 직접적으로 내는 것을 선호해 겉면에 향을 씌우는 편이에요. 덕분에 우려냈을 때 빠르게 향을 느낄 수 있습니다. 그러나 두세 번 우려냈을 때 그 향을 그대로 느끼기는 어려워요. 반면 동양은 찻잎 안에 향이 자연스레 배어들도록 합니다. 은은하지만, 대신 두세 번 우려내도 그 향이 남아있죠.

인야의 베스트셀러 메뉴는 무엇인가요?

봉황단총이에요. 연관검색어에 뜰 정도로 유명하죠. 우롱차 계열로 전혀 가향을 하지 않았지만 가향차처럼 느껴질 정도로 향이 강한 편이에요. 연령대별로 베스트셀러가 다른데, 어느 정도 연세가 있으신 분들은 백모단이라는 백차를 주로 찾습니다. 원래는 한의학 재료로, 열을 다스리는 데 좋은 차입니다. 재구매율이 가장 높은 차이기도 하죠. 사실 차는 계절별로, 체질별로, 기분별로 맞는 차가 다릅니다. 같은 차라고 해도 계절에 따라 향이 다르고 맛이 다르죠. 온도별로도 다 달라요. 열문, 온문, 냉문이라고 해서, 중국차는 이 세 가지의 향을 모두 분류하는데, 측정하는 대상도 다릅니다. 열문일 때는 이 차에 잡내가 있는지를, 온문일 때는 자체의 향을, 냉문일 때는 향의 지속성을 평가합니다.

디저트 메뉴도 유명하죠.

빠지라는 디저트가 특히 유명합니다. 홍콩에서 시작한 디저트인데, 팬케이크를 홍콩식으로 발음한 것이 빠지예요. 차와 먹으면 깔끔해서 많이들 좋아하세요. 대표적인 광동식 디저트 슈앙피나이도 인기가 많습니다. 젤라틴 등을 사용하지 않고 우유 그대로 굳히는 것입니다. 100% 우유로 푸딩을 만든 거죠. 청나라 시절부터 이어져온 음식입니다. '슈앙피'는 우리말로 쌍피, '나이'는 우유를 뜻합니다. 우유막이 위층에 하나, 아래층에 하나씩 있습니다. 즉 쌍피 우유라는 의미죠.

광동식 디저트가 많습니다. 왜 광동식인가요?

홍콩과 광저우 일대를 두고 화남차구라고 부릅니다. 중국 전체에서도 화남차구의 차 문화가 매우 발달해 있습니다. 그냥 주전자에 담아 내오는 중국 다른 지역의 식당과는 달리 화남차구 지역은 차판이 따로 구비되어 있을 정도지요. 화남차구 지역은 음식문화가 매우 발달해있습니다. 보통 특이하다고 생각하는 중국음식은 모두 이곳의 음식이라고 생각하시면 됩니다. 기름진 음식을 소화하고 느끼함을 가라앉히기 위해 차 문화가 매우 발달했고, 더불어 차와 함께 먹을 수 있는 디저트도 매우 발달해있습니다.

얼마 전에 2호점도 내셨죠?

네. 2호점은 테이크아웃 전문점입니다. 전형적인 오피스 상권에 위치해있죠. 1호점이 클래식에 기반을 두었다면, 2호점은 조금 더 편하게 차 문화를 전달하기 위한 목적으로 열었습니다. 처음에는 고민을 많이 했어요. 커피와 경쟁이 될까 우려가 되었죠. 근데 생각보다 반응이 좋습니다. 항상 처음이 어려운 것 같아요. 사실 차에 대한 마음의 장벽이 존재하잖아요. 그래도 한 번 마신 분들은 굉장히 좋아해주세요. 재방문율이 매우 높은 편입니다. 처음 오신 분들은 블렌딩 음료를 선호하시는데, 점점 스트레이트(클래식) 티를 찾으시더라고요. 찻잎도 많이 사가십니다.

저희의 주 타깃은 차를 접하지 않은 사람들입니다. 애초에 이 카페를 연 것도 차를 좋아하지 않는 이들에게 차를 전달하기 위함이에요. 그래서 배달도 합니다. 어떻게 보면 차는 커피와는 대조되는 문화입니다. 커피는 바쁜 이들에게 어울려요. 피곤하니 에너지를 충전하기 위해 마시죠. 반면 차는 사람을 차분하게 만듭니다. 어쩌면 현대인에게 가장 필요한 게 아닐까요? 실제로 차의 테아닌이라는 성분이 스트레스 완화와 심신안정에 효과가 있다고 하죠. 근데 저는 성분적인 효과보다는 차를 우릴 때의 그 기다림과 편안함이 진정효과를 불러오는 게 아닐까 싶어요. 그래서 저희는 손님들이 오시면 다구를 다 내놓고 차를 우려 드립니다. 우리면서 설명도 하고요. 손님과의 교류가 매우 많은 편이에요.

손님과의 교류가 인야를 재방문하게 만드는 매력일까요?

저희는 이곳에 오시는 분들과 진짜 이야기를 많이 해요. 차 우려내는 방법을 알려드리고, 손님들이 궁금한 것을 물어보시면 대답하고, 이런 식으로 끊임없이 이야기를 주고받습니다. 카페에 문제가 생기면 손님들이 손수 해결해주시기도 해요. 2호점의 모든 식물은 손님들이 주신 거예요.

앞으로의 계획이 있다면요?

첫 번째는 늘 하던 것을 충실히 하는 것입니다. 제가 충분히 소화해낼 수 있는 선, 즉 무리가 되지 않는 선에서 스스로의 패턴을 잃지 않는 것이 중요한 것 같아요. 새로운 일을 벌이는 것보다 더 어려운 일이 하던 일을 꾸준히 이어나가는 일인 것 같습니다. 두 번째는 차를 잘 접하지 못했지만 관심이 있는 사람에게 차가 결코 어렵지 않다는 것, 그리고 우리 삶에 있어 꼭 필요한 존재라는 것을 전하고 싶습니다. 곧 또 한 권의 책이 나오는데요. 이처럼 차에 관련한 이야기라면 계속해서 소통하고 싶습니다.

에디터·김주현

Name	음아(飮雅), 즉 '우아함을 마시다'의 중국식 표현
Customer	주로 직장인. 재방문율이 매우 높은 편이다. 지인의 소개를 통해 오는 경우가 많다.
Meeting	취미반, 동양미학반, 전문가반, 티 큐레이터 양성반 등 다양한 아카데미가 열린다. 그 외에도 각종 원데이 클래스가 열리니 홈페이지를 참조할 것.
Pluses	다예사가 차를 우리는 법부터 차근차근 알려주기 때문에 차를 몰라도 쉽게 즐길 수 있다. 그 어떤 질문에도 친절히 대답해준다. 한쪽에 구비된 치파오를 입고 다예문화를 체험해볼 수도 있다.
Menu	클래식 티 7천원, 블렌딩 티 8천원, 밀크티 7천원, 빤지 5천원, 수앙피나이 5천원, 티엔티엔 5천원.

Address	서울특별시 마포구 신촌로2안길 12
Open	11:00～22:00, 월요일은 휴무
Tel	02-3141-0915
Homepage	yinyatea.com
Blog	blog.naver.com/lovelyyinya

09
참 고운, 우리나라의 발효차

한국 **발효차**

어떤 차를 마셔야 할지 모를 때
입맛에 맞는 차를 뜻밖에 발견한다면,
그보다 더 소소한 행복이 또 있을까 싶다.

발효 정도에 따라
각양각색의 맛과 향을 내는 발효차.
한 모금씩, 이것저것 마시다가
알게 되는 즐거움을 준다.

확연히 다른 개성을 지닌 우리네 발효차

우리나라의 발효차라고 하면, 아직은 고개를 갸우뚱하는 사람들이 더 많을 지도 모르겠다. 우전이나 세작 등의 녹차와는 또 다른 차로, 같은 찻잎을 대략 80% 정도 발효시킨 차라고 생각하면 된다. 우리나라에서 발효차라고 불리는 차들은 서양의 홍차를 닮아있기는 하지만, 그와는 확연히 다른 개성이 있는 차다. 실제로 만드는 사람마다 그 특징을 살리기 위해 발효 정도를 달리하고 있으니 오설록, 연우제다, 명성제다, 산곡다원 등의 유명 브랜드나 혹은 각 지역의 다원에서 만드는 발효차를 골라 비교해보고 입맛에 맞는 차를 즐기면 되겠다. 만약 하동을 여행할 일이 있다면 다원에 들러보라. 직접 시음한 후에 구입할 수 있다.

발효차는 하동 지방에서 예전부터 민간요법으로 '약차'처럼 많이 쓰이던 차라고 한다. 언젠가 가족여행으로 하동에 갔을 때 법정 스님이 무척이나 좋아하셨다던 다우제다에 들른 적이 있었는데, 마침 비가 내리던 그날 그곳에서 마셨던 발효차는 떠올리는 것만으로도 그 따스함이 생생하게 느껴질 만큼 인상적이었다. 발효차라는 이름에서 느껴지는 온기만큼 따뜻하고 포근했다.

한국의 멋스러움을 닮은 차

인도 첸나이에서 있던 일이다. 첸나이에 거주하고 있는 외국인들과 인도인들이 교류하는 IWA라는 제법 큰 조직이 있다. 한 번은 그 모임의 주제가 '한국'이었는데, 덕분에 그들 앞에서 한복 패션쇼와 한국차를 우리는 모습을 선보일 기회가 있었다. 전문 패션쇼가 아니라 일반인들을 모아 각자 갖고 있는 한복을 최대한 다양하게 선택해서 보여주는 자리였는데, 소박하지만 우아하고 절제된 아름다움을 보여주는 한복에 다들 극찬을 보냈다.

그 자리에서 조금 캐주얼하게 시연을 보였던 한국의 찻자리에도 많은 관심이 쏟아졌다. 그때 우려낸 차가 한국의 발효차였다. 수수한 한국 도자기에 천천히 차를 우려내는 과정을 지켜보고, 우려낸 한국의 차를 맛본 외국인들은 하나같이 'beautiful'이라는 찬사를 던졌다. 화려하다거나 강한 인상을 주는 것은 아니지만, 단정하면서도 차분하고 긴 여운을 남기는 한국의 발효차는 한국의 멋스러움을 그대로 닮아 있었다.

외국인들이 늘 반하곤 하는 한복의 단아한 선이며, 찬찬히 입안을 감도는 우리네 차의 향기는 한국의 모습을 그대로 담아내는 듯하다. 빠르게 흘러가는 일상 속에서 그보다 훨씬 느리고 여유로이 즐길 수 있는 우리만의 특별한 무언가를 우리는 정작 놓치고 살아가는데, 생각지도 못한 곳에서 생각지도 못한 시선으로 그 아름다움을 발견했을 때의 놀라움이란! 미처 발견하지 못한 우리 차의 진가를 다시 한 번 느끼게 된 계기였다.

자연을 담은 소박한 아름다움

발효차뿐만이 아니다. 녹차도, 꽃차도, 연잎차도, 우리네 차들은 하나같이 참 소박하고 아름답다. 마치 꼭 한국의 모습을 닮아있는 듯하다. 우리가 잠시 잊고 있던 우리의 모습을 만날 수 있는 좋은 기회가 될지도 모른다. 유명하고 화려한 서양 브랜드의 차나 전통이 유구한 중국차도 좋지만, 내가 살고 있는 이 땅에서 만들어진 우리 차에도 관심을 가져봄이 어떨지. 사계절이 뚜렷하고 아름다운 우리나라의 자연이 한 잔의 차에 그대로 담겨있다.

맑고 고운 단맛에 미소가 퍼지고, 은은한 꽃향기에 감탄하게 되는, 그 누구도 감히 흉내 낼 수 없는 우리네 발효차, 그 소박한 아름다움을 널리 알리고 싶다.

TEA TALK

우리나라 발효차 우리기

우리나라 발효차는 서양 홍차와 달리 살짝 식힌 물에 우리는 게 좋다. 발효차 3g에 80~90도 사이의 물을 200ml 부은 후 2~3분간 우려 즐긴다.

10
비슷한 듯 다른, 일본의 구수한 현미녹차

일본 **겐마이차**

겐마이차는 우리나라의 현미녹차와 같다.
수증기로 쪄낸 녹차잎을 현미와 섞는다.
그 유래는 분분하다.
겐마이라는 부하가 하코네라는 사무라이에게
차를 준비하다 실수로 쌀 몇 알을
떨어뜨린 채 건네주어 죽임을 당했다는 것과
지역 주민들이 차의 양을 늘리기 위해
곡식을 섞어 마셨다는 것.
시작은 어찌되었던 간에 그 맛은
구수하고 담백하여 일본인들이
식사할 때 즐겨 마시는 대중적인 차이다.

비슷한 듯, 하지만 다른

일본에도 참 다양한 차가 존재한다. 우리나라의 덖음차가 아닌, 증제 방식으로 만드는 길쭉한 형태의 센차 또는 가루 녹차로 알려져 있으나, 사실은 꽤나 여러 형태의 차가 있다. 무척이나 고급차에 속하고 건강에도 좋은 말차, 채엽을 늦게 한 찻잎을 볶아 만든 호우지차, 차광 재배를 해서 감칠맛을 늘린 고급 녹차인 옥로차 등등.

우리나라와 일본은 지리적으로도 가깝고 역사적으로도 떼려야 뗄 수 없는 나라이다 보니 참으로 비슷한 점들이 많다. 스낵이면 스낵, 요리면 요리, 캔디면 캔디, 심지어 차조차도 굉장히 닮아있는데, 그중 하나가 바로 겐마이차, 우리나라 말로 하면 현미녹차이다. 겐마이차는 일본 녹차에 현미와 콩을 섞은 차로, 흔히 티백으로 만날 수 있는 우리나라 현미녹차와는 달리, 말차를 함께 섞어 만드는 고급스러운 차 가운데 하나이다. 비타민과 엽록소가 풍부해 건강에 좋은 차로도 알려져 있다.

제대로 된 겐마이차를 처음으로 만난 것은 티 브랜드인 '타바론(Tavalon)'을 통해서였다. 단순히 현미녹차를 생각했는데, 적지 않은 충격이었다. 겐마이차라는 것이 이렇게 고급스러운 차였다니! 그 이후로 겐마이차를 꽤 자주 즐기게 되었다. 구수하면서도 깔끔해서 자꾸만 손이 가는 차였다.(세상에 차 종류는 어찌나 이리도 많은지!)

현미녹차와 겐마이차로 이어진 한일 양국의 우정

그렇게 몇 통을 비워내고 한동안 잊고 있던 겐마이차를 일본 친구를 통해 다시 한 번 만나게 되었다. 케이코라는 이름의 친구는 녹차로 유명한 시즈오카 출신의 일본 친구였다. 인도에서 비정기적으로 여는 티 클래스에 참여했던 그녀는 차에 무한한 관심을 보이며 다양한 브랜드의 차와 중국차, 그리고 한국차에 푹 빠지게 되었다. 1년 내내 여름인 인도에서는 날이 더워 신선한 녹차를 만나기가 어렵고 보관도 어렵다는 말에 그녀는 여름과 겨울방학을 맞아 일본에 다녀올 때마다 고급 녹차들을 잔뜩 들고 와 선물해주고는 했다.

그중 하나가 바로 겐마이차였다. 조금은 특이한 차인데 좋아할지 모르겠다면서 건네준 겐마이차. 두 눈이 번쩍 뜨였다. 바로 우려내 맛을 본 일본의 겐마이차는 감동 그 자체였다. 녹차의 풋풋한 싱그러움이 입 안 가득 밀려들어왔다. 이어지는 현미의 구수함은 또 어떠하던가! 답례로 한국에도 비슷한 차가 있는데 고품질은 아닐지라도 티백이라 마시기 편하니 한번 맛이나 보라고 현미녹차 티백을 몇 개 돌려보냈다. 반응은 최고였다. 매번 우려마시기 번거로울 때가 있는데 티백으로 되어 있어 매우 간편하고, 맛 또한 좋다면서 연신 고맙다는 메시지를 보냈다. 참으로 훈훈한 일화가 아닌가! 현미녹차와 겐마이차로 이어진 한국과 일본의 우정이라니.

케이코는 이미 일본으로 돌아갔지만, 시즈오카를 방문하면 꼭 자신이 다원 투어를 안내하겠다며 우리가 다시 만날 날을 손꼽아 기다리는 중이다. 그때는 고급스러운 한국차를 잔뜩 가져가 선물해줄 생각이다. 현미녹차는 물론이고!

녹차 우리기

녹차는 일반적으로 홍차와 달리 한 김 식힌 75~85도의 물로 우려내는 게 일반적
이다. 뜨거운 물로 녹차를 우리면 지나치게 쓰고 떫은맛이 우러나와 차를 즐기기에
방해가 되기 때문이다. 온도계가 없다면 끓인 물을 1~2분 정도 식힌 후 그 물로 녹
차를 우리면 된다.

차를 일상에서 경험한다.
우리나라의 티 하우스와 다원
차를 가까이에서 신선하게 즐길 수 있는
티 하우스와 다원을 소개한다.

티하우스(Tea house)는 차와 함께 가볍게 다과를 즐기며 대화하는 공간이다. 특정 브랜드, 특색 있는 블렌드 티, 중국차 등, 메뉴는 달라도 일상생활 가까이에서 즐길 수 있는 나만의 티를 찾아보자.

다원(茶園)은 차나무 재배지로 차를 이야기할 때 빼놓을 수 없다. 우리나라의 다원은 경상도와 전라도의 두 축을 중심으로 오랜 역사와 함께 지역 차밭의 명맥을 잇고 있다. 주변 경치를 벗 삼아 차 한 잔하는 여유, 이번 주말은 다원여행 어떨까.

로네펠트 티하우스

사진제공 김홍록

200년 역사의 세계적인 티 브랜드 로네펠트의 차를 파는 곳. 앤틱한 입구를 지나 마주하게 되는, 티살롱을 연상시키는 내부는 차를 하루 종일 마시고 싶게 한다. 홍차, 허브차, 과일차, 밀크티 등 다양한 종류의 차와 함께 각종 디저트류도 판매하는데, 꾸준한 인기를 보이는 것은 에끌레어(에끌레르)이다. 한쪽 벽면에는 여러 가지 로네펠트 티백 제품이 전시되어 있어 직접 시향할 수 있으며, 이외에도 티세트, 로네펠트가 새겨진 티 기구 등도 살 수가 있다. 현재까지 코엑스, 상암MBC점, 판교점이 운영되고 있으며 지점별로 운영시간이 다르니 확인가고 가야한다.

Address	서울특별시 강남구 영동대로 513
	코엑스몰 1층
Open	매일 10:00~22:00
Tel	02-551-1823
Menu	홍차 7천원
	과일차 6천원
	허브차 6천원
	에이드 7천원

TWG 티하우스

세계적인 티 브랜드 TWG의 갖가지 차를 맛볼 수 있는 티하우스로 롯데백화점 에비뉴엘월드타워점, 판교티살롱점 두 곳을 운영 중이다. 살롱&부티크 콘셉트로 최고급 찻잎과 TWG만의 블렌딩티를 선보인다. 매장 내 진열된 각종 티 포트와 선물세트, 색색의 틴케이스를 보는 것만으로도 작은 TWG 박물관에 온 듯하다. 매 시즌마다 새롭게 블렌딩한 TWG의 로얄 밀크티, 홍차에 꽃향과 열대 과일향을 가미한 그랜드 웨딩 티, 레드 오브 아프리카 티(루이보스) 등과 함께 TWG 티하우스의 디저트인 마카롱 한입 베어 물고 여유 부려보는 건 어떨까.

Address	서울특별시 송파구 올림픽로 300 롯데백화점에비뉴엘월드타워점 6층
Open	10:30〜22:00
Tel	02-3213-2640
Menu	로얄 밀크티 1만 7천원
	프렌치 얼그레이 1만 2천원
	레드 오브 아프리카 티 1만 2천원
	마테차 1만 2천원

블랑드티

잎차, 과일시럽 등을 혼합하여 티를 만든다. 기본티인 스트레이트 티부터 자몽, 레몬, 청포도 등 다양한 향을 가미한 가향차, 라떼, 블랑드티만의 시그니처 메뉴 등이 판매되고 있다(500원 추가시 스파클링으로 변경 가능). 다양한 메뉴 앞에 어떤 차를 선택해야 할지 모른다면, 블랑드티 잎차시향용 샘플이 구비되어 있으니 걱정하지 않아도 된다. 1층은 주문과 제조를 위한 공간이며, 2층으로 올라가면 탁 트인 천장에 널찍한 테이블이 자리하고 있다. 길 복잡한 합정에 주차장까지 구비하고 있으니, 티타임을 위한 단체모임을 하기에 적합하다. 합정역 1번과 2번 출구 사이에 위치하고 아침 7시부터 늦은 12시까지 하니, 추워지는 출퇴근 길에 가볍게 티 한잔하는 것은 어떨까.

Address	서울특별시 마포구 양화로 61
Open	매일 07:00~24:00
Tel	02-3144-0709
Menu	스트로베리핑크블랑티 5천 5백원
	망고옐로블랑티 5천원
	블루베리퍼플블랑티 5천원
	스트로베리브라우니블랑티쉐이크 5천원
	초코브라우니블랑티쉐이크 5천원

비토니

비토니(Btony)는 다양한 블렌딩티를 캐주얼하게 즐길 수 있는 공간이다. 서동진 대표의 유학시절 인연으로 뉴욕의 티 블렌딩 회사와 협업하여 운영하는데 뉴욕에서 생산된 차를 사용한다. 이곳의 특징은 차를 우려내는 방식과 블렌딩티를 주요 메뉴로 판매한다는 점인데, 티 포트의 개념인 사이폰을 통한 추출은 물의 온도를 일정하게 유지할 수 있도록하여 블렌딩티의 부재료 고유의 맛을 살려낸다. 시그니처 메뉴는 티핑주스와 뉴욕밀크티. 과일주스 음료와 티, 우유와 티의 조합으로 블렌딩 티를 보다 부담 없이 접근할 수 있도록 한 아이스티이며, 밀크티에 사용되는 티는 한 가지 티를 사용하지 않고 블렌딩된 티를 사용한다. 현재는 논현점, 일산점, 양평 더보테니컬 세 곳이 운영되고 있으며 블렌딩티를 활용한 신메뉴들도 맛볼만하다.

Address	서울특별시 강남구 도산대로8길 22
Open	평일 11:00~23:00 주말 11:00~23:00
Tel	02-515-2931
Menu	티핑주스(망고/오렌지/자몽/청포도) 6천원~6천 5백원
	뉴욕 밀크티 7천원
	스페셜 아이스티 4종 7천 5백원
	홍차 블렌딩 7종
	루이보스 블렌딩 5종
	히비스커스 블렌딩 5종
	헙 블렌딩 3종 5천 5백원~6천 5백원

소프티

신개념 새로운 맛의 티를 제안한다! 소프티(Softea)는 '크림치즈티'를 주요메뉴로 하여 다양하게 베리에이션한 음료를 판매한다. 중국 고유의 전통적인 제조방식으로 차를 우려낸 후 말차가루로 진하고 떫은맛을 더한다. 그 위에 호주 크림치즈를 얹어내어 트랜스지방은 0%로 낮추고, 영양을 동시에 살려냈다. 단짠을 기본으로 다양한 풍미와 느낌을 맛볼 수 있는데, 음료가 1/3정도 남았을 때 섞어 마시면 더욱 풍미가 좋다고. 이미 중국에서는 줄 서서 먹는다고 할 정도로 인기가 많다.

Address	서울특별시 마포구 어울마당로 76-1
Open	매일 13:00~23:00
Tel	02-332-6452
Menu	크림치즈 우롱티 4천원
	크림치즈 블랙티 4천원
	말차크림 밀크티 4천원
	치즈스트로베리 5천 5백원
	스페셜후르츠티 6천원

줄서서 먹는 그 곳!
완전 새로운 맛!

티로그

티로그(T logue)는 홍차 전문점으로 티 소믈리에가 직접 차를 만들어준다. 기본 홍차인 다즐링, 아삼, 닐기리부터 로맨틱#9, 카카오 페어리 같은 블렌딩 홍차까지 즐길 수 있다. 유기농 홍차와 아삼 CTC를 직접 섞어 만든 오리지날 밀크티 또한 추천할만하며, 생라임으로 만든 라임아이스티 또한 이곳의 주력메뉴. 바리스타, 와인 소믈리에, 워터 소믈리에까지 마시는 것은 모두 섭렵한 주인의 감각은 티 애호가의 마음을 사로잡는다. 선물세트, 싱글팩도 함께 판매한다.

Address	서울특별시 마포구 독막로 67
Open	매일 09:00 ~ 21:00
Tel	02-322-5989
Menu	라임아이스티 4천 8백원
	밀크티 4천 8백원
	롱 블랙 커피(티로그 에스프레소) 3천 8백원

파아람 티하우스

사계절 산과 들을 품은 야생꽃차만을 취급하는 꽃차 전문점이다. 꽃을 주재료로 한 유럽스타일의 코디얼(Cordial)이 특징적인데 여름에는 꽃코디얼아이스티, 겨울에는 따뜻한 꽃차를 마실 수 있다. 체질에 맞게 블렌딩 한 차와 커피로 파아람티하우스만의 블렌딩 티를 맛볼 수 있다. 황후차 및 황후커피, 황제차 및 황제커피 이외에 녹내장, 백내장예방, 눈 건조증에 좋은 차 아름다운눈, 몸과 마음과 영혼까지 힐링 되는 듯한 천상화차, 식물성콜라겐이 함유되어 주름개선에 도움되는 동안차, 여러가지의 단풍잎으로 만든 혈액순환에 도움을 주는 추차 등이 있다. 다양한 색깔로 채워진 한쪽 벽면을 가득채운 꽃잎 차를 보고 구매해도 좋을 듯하다.

Address	서울특별시 서초구 동광로12길 120
Tel	02-3477-2588
Homapage	blog.naver.com/paaramteahouse
Menu	장미농축아이스티 7천원
	맨드라미티 7천원

산수화 티하우스

산수화(山水和)는 좋은 산에서 난 차를 좋은 물로 우려야 맛과 향이 어우러진 한 잔의 차가 된다는 의미로 붙였다. 중국에서 정식 자격증을 발급받은 전문다예사가 차를 우려 준다. 중국의 가정집을 연상케 하는 내부는 차를 즐기는데 또다른 즐거움을 주는데, 두 개의 방으로 분리되어 있어 모임을 갖기에도 좋다. 백차(백모단, 백호은침), 보이차, 청차(대만오룡차), 홍차(기문홍차) 등이 판매되고 있으며 차와 함께 제공되는 다식 메뉴는 때에 따라 다르다. 산수화에서 판매되는 모든 차는 정식통관한 것으로 그 품질에 대해서는 믿고 마실만하다.

Address	서울특별시 용산구 한남대로 20길 21-14
Open	월~토 11:00~19:00, 일요일은 휴무
Tel	02-749-3138
Menu	백모단 1만 5천원
	기문홍차 1만 5천원
	봉황단총 밀란향 2만원

약다방 봄동

한의사가 상주하는 모던한 찻집으로 그날의 기분, 몸 상태에 따라 자신에게 맞는 차를 선택한다. 카페 한켠에는 한의학, 의학, 철학과 관련된 서적들이 책꽂이에 가득 꽂혀 있다. 또한 음료 구매 고객에 한해 1만원을 내면 족욕까지 체험할 수 있어 몸도 마음도 건강해지는 기분이 든다. 동양학을 바탕으로 하여 현재 몸 상태에 따라 선택하는 기본약차부터 마음까지 다스려주는 맞춤약차가 있고, 면역, 보양, 해독, 회춘 등 건강을 키워드로 하여 나눈 약술(Tinc.) 메뉴들까지 다양하다.

Address	서울특별시 마포구 월드컵북로6길 12-13
Open	매일 11:00~23:00 (월1회, 비정기휴무)
Tel	070-4639-2221
Menu	약차(테이크아웃시 10% 할인) 1만 2천원~1만 8천원
	블렌딩 쥬스 8천 7백원~1만 4천원
	차담 2만 5천원

해남 차밭의 명맥을 잇는다
설아다원

향기 나는 싹의 동산이란 뜻이다. 녹차를 테마로 하여 자연 속에서 즐기는 복합문화 예술농장으로 운영되고 있다. 농사를 짓던 두 부부는 두륜산 남쪽 자락에 1만평의 차밭을 가꾸었고, 고향을 지켜가면서 해남 차밭의 명맥을 이어나가며 지역문화 발전에 기여하고자 한다. 1년에 한 번 차를 수확하는데 차나무를 보호하기 위해 하는 것이므로 가격은 비싸지만 맛과 향이 좋다. 이외 농촌, 자연에서 발굴한 소재를 학교 교과과정과 연계하여 전래놀이, 전통문화 등의 교육활동 프로그램도 진행하고 있는데 특히 수제 녹차 체험(제다체험)이 주요 프로그램이다. 한옥, 황토방 등 게스트하우스 시설을 갖춰 개인 또는 단체손님도 묵을 수 있으며, 단체모임의 경우 국악공연, 자연산 해산물 등을 별도비용으로 즐길 수 있다.

Address	전라남도 해남군 북일면 삼성길 153-21
Tel	061-533-3083
Homepage	www.seoladawon.co.kr
E-mail	ccac123@hanmail.net

왕의 차, 하동차의 주요 재배지
매암다원(매암제다원)

지리산과 섬진강의 물줄기가 지나는 곳에 위치한 매암다원은 하동차의 주요 재배지로 하동군이 선정한 다원8경 중 유일하게 악양면에 위치하였다. 예로부터 하동차는 왕의 차로 불렸는데, [동국여지승람]에 의하면 신라 선덕여왕 때 당나라에 유학을 다녀온 대렴이라는 신하가 차 씨앗을 가지고와 하동군 쌍계사 근처에 심었다는 기록이 있다. 그만큼 하동차는 역사적 유래가 깊다. 매암다원은 1926년 일본 규슈대학이 지리산 산림을 조성하기 위해 만든 수목원이었으나 1963년부터 다원으로 조성되었다. 하동군 악양면과 화개면은 다원 혹은 제다로 차를 재배하거나 만드는 곳이 2천여 농가에 이르는데 매암다원은 산에 위치한 다른 다원과 달리 평지다원의 매력과 하동야생차의 맛을 볼 수 있다. 이외 매암차문화박물관에는 100여 년의 악양 지역의 차 역사를 볼 수 있으며 차의 제조과정, 관련된 이야기를 들을 수 있는 '체험형 다원'을 경험할 수 있다. 야외다원과 찻집도 함께 운영하는데 창틀너머로 지리산을 바라보며 악양에서 수백년 전부터 전통적으로 생산해 왔다는 홍차(잭설차)를 음미하는 맛이 일품이다.

Address	경상남도 하동군 악양면 악양서로 346-1
Tel	055-883-3500
Homepage	www.tea-maeam.com

하동군선정
하동의 아름다운 다원
(매암다원)

우리나라 조선후기, 근대 차 문화의 시작
강진다원

강진의 월출산 아래 펼쳐진 이곳은 역사적으로 유서 깊은 곳이다. 조선 후기 및 근대 우리 차 문화의 역사에서 강진의 백운동을 빼놓고 이야기하면 안 될 정도이다. 산세와 기후조건이 뛰어나 산 주변에는 사찰을 비롯해 차나무가 잘 형성되어 있다. 이곳에 녹차 밭이 형성된 것은 차를 애호하던 문인 선비들의 전통사상이라고 알려졌는데, 특히 조선 후기 우리나라의 다도를 정립한 것으로 알려진 초의선사와 이곳에 유배를 와 녹차를 즐겨 마시던 다산 정약용의 영향이 크다고 볼 수 있다. 또한 일제강점기 시대 시판차로서 우리나라 최초 녹차 상표라고 할 수 있는 백운옥판차 생산지로, 이를 만들어낸 이한영의 생가도 있다. 월출산의 인근 관광지로는 다산 정약용 선생의 유배지인 다산초당, 백련사, 영랑생가, 강진고려청자도요지 등이 있어 역사와 문화, 자연 경치 등을 모두 즐기기에 안성맞춤인 곳이다.

Address	전라남도 강진군 성전면 백운로 93-25
Tel	061-432-5500
Homepage	www.osulloc.co.kr
Open	일출~일몰

사진제공 사륜구동의 일상과 기록

천혜의 자연이 함께 만든 녹차
서귀다원

서귀다원의 녹차는 제주도 한라산 해발 250m의 청정지역에서 자란 어린 녹차 잎을 재배하여 판매한다. 서귀다원을 운영하는 노부부는 본래 30년 넘게 감귤 나무를 재배하던 이곳을 2005년에 녹차 밭으로 바꾸었다. 4월 중순 첫물차만 수확하여 판매하는데 화산토 자갈밭, 천혜의 기후, 강수량, 지하수, 바닷바람의 자연으로 키운 청정 녹차밭이라는 자부심이 있다. 국내는 물론 국제 유기농 인증까지 받아 품질을 보장한다. 서귀다원은 제주도 사진명소로 잘 알려져 있는데, 삼나무 가로수길, 현무암, 동백나무 등이 어우러진 차밭 주변을 풍경삼아 사진 한 장 찍어보는 것이 어떨까.

Address	제주특별자치도 서귀포시 516로 717
Tel	064-733-0632
Homepage	www.sgdawon.com
E-mail	hursun60@hanmail.net

기호에 따라 즐기는 티 타임

차가 잘 어울리는 더 없이 좋은 계절

시간들이 어디론가 훅하고 지나가 마음에 휑하니 바람이 분다면 그 휑함과 시간들을 채워줄 향기로운 차 한 잔을 즐겨보자. 더불어 잃어버린 시간들 속에 잊고 지낸 지인들을 초대해 나름의 티 플레이팅으로 나만의 티 리스트들을 즐겨보는 것은 어떨까.

티 타임
티 메이트와 함께 밀크티 한 잔

티 타임을 특별하게 만들어주는 최고의 티 메이트는 무엇보다 나와 같이 이 시간을 공유하는 사람이다. 그 사람에게 어울리는 차를 꺼내고 그 차에 어울리는 찻잔과 티 푸드를 준비하는 것이 최고의 티 플레이팅인 것이다. 평소 즐겨 마시는 차가 있다면 그 취향에 맞게 차를 준비하는데 깔끔하게 떨어지는 스트레이트 티로 시작해 산뜻한 과일향이 더해진 가향차로 입맛을 돋우고 꿀이나 생강이 들어간 밀크티 한잔으로 속을 더 든든하게 채울 수 있다. 이때 취향에 맞는 밀크티 한잔은 티 플레이팅을 더 풍성하게 만들어 준다.

초콜렛이 들어간 밀크티, 온갖 향신료를 가득 넣어 끓인 밀크티, 메이플 가향차를 사용하여 향긋하게 끓여낸 밀크티 등 우리가 매일매일 새로운 차를 마신다 해도 평생에 같은 차를 마시지 않을 수 있을 정도로 세상엔 많은 차들이 존재한다. 여기에 나만의 밀크티 조제법을 더하면 그 시간도 그 차도 더 특별해지는 법이다. 차를 고르고 차를 우리고 그 시간을 공유하다보면 어느새 잊고 지냈던 마음의 시간들이 되살아날 것이 확실한데 그 시간을 조금 더 풍성하게 만들고 싶다면 차에 어울리는 티 푸드를 차려내는 것이다.

애프터눈 티 타임의 꽃, 3단 트레이

애프터눈 티 타임의 꽃이라고 하는 3단 트레이는 그 차려내는 방식에 약간의 룰이 존재하는데 맨 아랫단 1단부터 메인이 되는 음식부터 디저트가 될 수 있는 음식까지 2단, 3단 순서대로 차려내는 것이다. 보통은 1단에 샌드위치, 2단에 스콘과 잼 크림, 3단에는 달달한 케이크 종류나 초콜렛 마카롱 등으로 채우는 것이 일반적이다. 한식이나 일식등 다양한 형태로도 응용이 가능하다.

여기서 중요한 것은 차와 음식들의 조화로움이다. 기름진 음식들이라면 중국차를 같이 서브한다거나, 샐러드같은 음식이라면 은은한 향기를 뿜내는 가향차도 잘 어울리겠고, 버터가 많이 들어있는 마들렌이나 초콜렛과 함께 할 때는 얼 그레이와 같은 홍차향이 잘 맞을 것인데, 어떠한 법칙도 자기만의 취향을 이기진 못하니 티타임을 이루고 있는 사람들에게 집중하여 차와 음식을 세팅하는 것이 가장 좋은 세팅이 아닐까한다.

티 블렌딩
내가 마시고 싶은 차를 넣어 만든 수제티백

차를 우리는데 어쩌면 많은 도구들이 사용된다고 생각해 엄두를 내지 못하는 경우가 더러 있는데 이런 경우 표백하지 않은 모슬린천을 이용해 수제티백을 만들어 준비해보자. 티 타임이 훨씬 수월해진다. 이렇게 모슬린천에 만든 수제 티백은 선물하기에도 더없이 좋은데 이때 갖가지 홍차들로 나만의 차를 만들어 보는 티 블렌딩에도 도전해볼만하다. 찻잎과 찻잎을 섞는다거나 찻잎에 꽃 잎과 말린 과일조각들을 섞어본다거나 찻잎에 향신료를 섞어 짜이라는 인도식 밀크티를 만들수 있는 티백을 만들어보면 전문가적인 영역이라고 생각했던 티 블렌딩도 금새 친숙하게 느껴질 것이다.

독일에서는 감기에 걸려 병원에 가면 차를 약으로 처방해준다고 한다. 이 차에 는 다양한 종류의 허브들이 블렌딩 되어있는데, 차 한 잔으로 마음과 몸이 리 프레쉬 될 수 있다는 것이 놀랍다. 독일에서의 감기차처럼 감기에 걸린 듯 싶으면 끓여주셨던 엄마의 생강차, 프랑스의 감기약이라 불리는 뱅쇼(향신료를 넣어 끓인 뜨거운 와인)같은 음료에도 홍차가 무척 잘 어우러지니 쌀쌀한 이 가을, 나만의 블렌딩을 찾아 지인들과 티 파티를 즐기면 즐거운 가을이 되지 않을까 한다.

글·사진 **박혜정**

오후의 작은 선물 티숍을 운영한다. 커피와 차의 공방을 표방하여,
티 블렌드, 티 플레이팅, 티 푸드에 관한 원데이클래스 등을 진행하고 있다.

나만의 티 레시피
테일러 오브 헤로게이트 요크셔 골드 홍차티백 우유냉침

차 본연의 맛을 느낄 수 있는 스트레이트 티를 즐기는 것도 좋지만, 기호와 입맛에 맞게 변주하는 것 역시 티 타임에 또 다른 즐거움을 준다. 재료, 과정 등 정해진 방법은 없지만, 조금 더 맛있게 마실 수 있는 팁을 참고하여 나만의 티를 만들어보자.

준비: 우유 300ml, 뜨거운 물 150ml, 밀크티로 마시면 맛있는 티백 3개, 라빠르쉐 설탕 3.5개, 냉침병, 냉장고, 그리고 오랜 기다림

오크셔 골드는 티백 하나당 약 2.5g이 들어있다. 좀 더 진하게 마시고 싶다면, 티백 3개를 사용한다. (물 450ml: 홍차 7.5g)

뜨거운 물 100ml에 1차로 우린다. 바로 우유 냉침을 하는 것보다 홍차의 맛이 더 진하게 우러나오며, 우유만으로 우려냈을 때보다 깔끔한 맛이 난다.

기호에 따라 설탕을 준비한다. 달달한 맛을 좋아한다면 라빠르쉐 설탕을 추천한다.

자료제공 오후의 작은 선물
(blog.naver.com/presentea)

뜨거운 물 50ml에 설탕을 넣어 녹인다. 티백과 따로 녹이는 이유는 티백이 당도를 흡수하는 일을 막기 위한 것이다.

설탕을 녹인 후 3분 정도 우려둔 홍차 티백을 담근다.

우유 300ml를 붓는다. 아직 맑은 수색을 띠고 있을 경우 냉장고에 냉침해준다.
(14시간)

냉침된 밀크티는 설탕이 아래 가라앉아 있을 수 있으므로 적당히 흔들어 부어야한다.

#내 티 타임을 소개해

ohooso •••

♡ ◯ ◁   🔖

좋아요 37개

한국에서 사면 비싼 티들 유럽 구매떼샷
#티그램 #티스타그램 #티쇼핑떼샷 #텅장 #실화 #여보미안 #유
럽이제그만가자 #한국이최고 #삭신쑤신다 #스위스티 #쿠스미
티 #마리아쥬프레르 #트와이닝스 #쇼핑스타그램 #tea

00lala_lala00 ···

좋아요 39개

· 티타임은 역시 등원을 해야..
#5살 #육아 #휴식 #티타임 #홍차 #비스켓 #노리다케 #따뜻 #여유 #평화 #짧아도 #좋다 #살것같아 #일상 #불금 #홈카페

ddoddo_k

좋아요 36개

쌀쌀해진 요즘 나의 아침저녁을 편안하게 해주는 아가들 :D
올해 3월쯤 포뇨 집에서 자그마한 파자마파티(?)를 하고 일어나,
학교 가기 전에 포뇨가 아침으로 스콘과 함께 내어준 계피향 차가
너무 맛있어서 계속 문득문득 생각이 났다. 하지만 차 이름이 암
만 떠올려도 기억이 안났고, 포뇨도 기억해내지 못해서 아쉬웠는
데...신내림처럼 어느날 갑자기 차 이름이 생생하게 기억나서!! 바
로 직구몰에서 주문했다.. =u= 끌리는 이름의 다른 차 두 종류도
함께 주문
너무 향긋하고 달달하고 포근한 차 틴케이스까지 너무 예뻐서 심
장이 도콩도콩!!!!! 질릴 때까지 계속 주문해 마시는 걸로 :^)
#계피계피 #가을가을 #티타임

c_h_i_s_a_22

···

좋아요 60개

#afternoontea #fortnummason #london #picadillycirus

▌찻잎 발효정도에 따른 분류

불발효차	산화효소를 파괴시켜 녹색이 그대로 유지되도록 만든 녹차 (덖음차, 증제차)
반발효차	햇볕이나 실내에서 시들리기와 교반을 하여 찻잎의 폴리페놀 성분을 10~65% 사이로 발효시킨 백차(백호은침, 백목단), 청차(무이암차, 철관음차, 수선차, 우롱차, 백호오룡차, 포종차, 색종)
후발효차	산화효소를 파괴시킨 후 찻잎을 퇴적하여 공기 중 미생물의 번식을 유도해 다시 85% 이상 발효가 일어나도록 만든 황차(군산은침, 몽정황아), 흑차(육보차, 호남흑차), 보이차
발효차	85% 이상 발효시킨 차, 홍차

▌산지에 따른 분류

한국홍차	하동 잭설차
중국홍차	정산소종, 기문 홍차, 운남 홍차
인도 및 스리랑카	홍차 아삼 홍차, 실론 홍차, 다즐링 홍차, 닐기리 홍차

* 세계 3대 홍차 산지지역 : 인도의 다즐링(Dazzeling), 중국의 기문(祁門), 스리랑카의 우바(Uva)

▌찻잎 수확시기에 따른 분류

첫물차	봄비에 뒤따른 3월부터 4월 사이에 수확되며, 아주 부드럽고 매우 엷은 색과 상쾌한 향을 갖는다.
두물차	5월부터 6월 사이에 수확되며, 호박색의 수색을 보이며, 약간 떫긴 하지만 가장 감칠맛이 많이 난다.
여름차	우기인 7월에서 9월 사이에 수확되는 차로, 맛이 더 강하다.
세물차	가을인 10월에서 11월 사이에 수확되며, 구릿빛의 수색을 보이며, 신선한 향을 갖는다.
네물차	9월 하순에서 10월 중순 경에 채엽한 것으로 섬유질이 많고, 찻잎의 모양이 거칠며, 떫은맛이 많이 난다.

▌찻잎 수확시기에 따른 명칭

명전	4월 5일 무렵인 청명 이전에 채취한 아주 여린 차
우전	곡우(4월 20일) 이전에 채취한 아주 여린 차
세작(세차)	곡우에서 입하(5월 5일) 전까지 딴 차로 차 잎이 여린 차
중작(중차)	입하 이후 10일정도로 세작보다 잎이 더 자란 후에 딴 차
대작(대차)	5월 하순 이전까지 중작보다 더 굵은 잎을 따서 만든 거친 차

찻잎 가공방법에 따른 분류

옥로차	새순이 나올 때 그늘 막으로 빛을 차단시켜 재배한 것
덖음차	어린 새싹을 채엽하여 손으로 비벼 차잎을 부드럽게 한 후 뜨겁게 달궈진 솥에 덖어서 만든 것
증제차	차잎을 100도의 수증기로 찌면서 산화효소를 파괴시키고 녹색을 유지하도록 만든 것
말차	옥로차와 같이 재배한 차잎을 증기로 찐 후 그대로 건조하여 미세하게 갈아 만든 것

찻잎의 가공 상태에 따른 명칭

홀 리프(Whole leaf)	통째의 찻잎
브로큰(Broken)	잘라진 찻잎
패닝(Fannings)	브로큰 등급보다 더 잘게 자른 찻잎
더스트(Dust)	미세한 가루처럼 생긴 찻잎

▌찻잎(Whole leaf)에 따른 등급

스페셜 파이네스트 티피 골든 플라워리 오렌지 페코(Special Finest Tippy Golden Flowery Orange Pekoe, S.F.T.G.F.O.P.)	플라워리 오렌지 페코(F.O.P) 중 최상급의 차를 말한다.
파이네스트 티피 골든 플라워리 오렌지 페코(Finest Tippy Golden Flowery Orange Pekoe, F.T.G.F.O.P.)	플라워리 오렌지 페코(F.O.P) 중 약 4분의 1의 금색 빛의 싹을 가진 우수한 품질의 차를 말한다.
티피 골든 플라워리 오렌지 페코 (Tippy Golden Flowery Orange Pekoe, T.G.F.O.P.)	G.F.O.P. 보다 금빛 새싹이 더욱 풍부한 잎으로 만든 차로 찻잎 형태는 그대로 남아있고 많은 새싹 부분이 함유되어 있는 찻잎으로 아쌈홍차 중 최상등급의 홍차이다.
골든 플라워리 오렌지 페코 (Golden Flowery Orange Pekoe, G.F.O.P.)	F.O.P보다 금색 빛의 싹이 많은 잎으로 만든 차를 말한다.
플라워리 오렌지 페코 (Flowery Orange Pekoe, F.O.P)	가는 솜털과 부드럽고 어린 싹을 가진 잎으로 만든 차를 말한다.
오렌지 페코(Orange Pekoe, O.P)	길고 얇으며 털이 많이 달린 잎으로 작은 새싹이 붙어 있기도 한다.
페코(Pekoe, Pek)	오렌지 페코보다 약간 작으며, 털도 덜 달려 있으며, 우려낸 수색이 더 엷다.
페코 수송(Peckoe Souchong, P.S)	수송과 페코 사이 등급으로 색이 진하고 품질이 떨어지는 잎이 다소 섞인 차이다.
수송(Souchong, S)	가장 굵고 단단한 둥근 잎으로 더 엷은 수색을 낸다. 품질이 떨어지고 잎이 거칠고 고르지 못한 차이다.

▌차의 배합에 따른 분류

스트레이트 티(Straight tea)	단일 종류의 찻잎만을 사용한다.
가향차(Flavoured tea)	과일 또는 꽃잎 같은 첨가물을 넣어 향을 낸 것을 말한다.
블렌드 티(Blended tea)	두 종류 이상의 찻잎을 블렌드(배합)하여 제조한다.

세계의 티 브랜드

홍차의 본고장, 영국

PG팁스(PG Tips)
영국의 국민 홍차로, 영국 최고 점유율을 자랑하는 홍차 브랜드다.
테트라형 티백을 영국에서 처음으로 적용했다. 밀크티에 가장 적합한 홍차라고.

다빌스 오브 윈저(Darvilles of Windsor)
윈저에서 가장 오래된 브랜드.
1860년 오픈한 이래 그 전통을 이어오고 있다. 1946년 왕실 인증을 받았다.

런던 프룻 앤 허브(London Fruit & Herb)
과일차와 허브티를 다루는 브랜드. 영국 차 시장의 70%를 차지한다.
스위트 페퍼민트가 대표적인 허브티이다.

리즈웨이(Ridgways)
1863년 설립된 브랜드로 빅토리아 여왕의 개인용 홍차를 납품했다.
국제공정무역기구의 승인을 받은 공정무역 제품이다.

립톤(Lipton)
홍차의 대중화에 크게 기여한 브랜드. 다양한 인스턴트 티가 구비되어 있으며,
특히 옐로라벨 티백이 유명하다.

맥우즈 파인 티(Mackwoods Fine Tea)
1841년 빅토리아 여왕 시절부터 이어온 유서 깊은 브랜드.
스리랑카의 광대한 다원을 소유, 이곳에서 재배부터 생산까지 모두 이루어진다.

브루 티 컴퍼니(Brew Tea Co.)
합리적인 가격과 향이 좋은 홍차 브랜드.
인도의 아삼 지역과 스리랑카 실론 지역에서 재배되는 찻잎을 사용한다.

아마드 티(Ahmad Tea)
영국의 대중적인 브랜드. 저렴하지만 품질만은 최고이다.
얼 그레이나 허브티를 추천한다.

애슈비 오브 런던(Ashbys of London)
블렌딩 티가 일품인 티 메이커.
티와 함께 다양한 티 포트 세트도 인기다.

위타드 오브 첼시(Whittard of Chelsea)
홍차를 비롯해 커피나 유기농 차 등 다양한 음료를 다룬다.
전통과 개성이 잘 조화를 이루는 브랜드이다.

카멜리아스 티 하우스(Camellia's Tea House)
약초학을 공부한 누나와 티 소믈리에 동생이 함께 2007년 오픈했다.
매출 1위의 Earl Grey Orange & Tea Blossom은 뛰어난 블렌딩으로 상을 받기도.

클리퍼 티(Clipper)
유기농과 공정무역의 선구자.
맛에 대한 집념이 강한 브랜드로 다양한 블렌딩을 시도하고 있다.

테일러스 오브 헤로게이트(Taylors of Harrogate)
신사다운 품격이 느껴지는 브랜드.
2009년에 왕실 납품 인증을 받았다. 특히 클래식 라인을 추천한다.

트와이닝스(Twinings)
세계에서 가장 역사 깊은 홍차 브랜드. 홍차뿐 아니라 녹차와 과일차도 인기다.

티피그스(Teapigs)
좋은 차를 캐주얼하게 즐길 수 있다.
다즐링과 얼 그레이가 특히 인기다.

포트넘 앤 메이슨(Fortnum & Mason)
300년 전통의 영국 대표 홍차 브랜드.
클래식 티에서는 단연 손꼽힌다.

푸카(Pukka)
인도의 전통적인 민간치료법 아유르베다에 기초해 만든 유기농 허브티 브랜드.
릴렉스, 리프레시, 오리지널 차이 등이 있으니 그날의 컨디션에 맞게 선택하면 된다.

하이그로브(Highgrove)
진정한 영국 왕실 브랜드. 찰스 왕세자가 설립한 유기농 브랜드이다.
아삼과 실론이 블렌딩된 프린스 오브 웨일즈가 가장 인기다.

햄스테드 티 런던(Hampstead Tea London)
유기농 티와 허브티만 다룬다. 바이오 다이내믹 농법으로 재배한 유기농 녹차잎을 사용한다.

히스 앤 헤더(Heath & Heather)
허브티 브랜드. 100% 유기농 재료로 이루어진다.

| 향기에 빠지다, 프랑스

니나스(Nina's)
다양한 가향차를 만들어낸 브랜드. 주뗌므나 에뛰 알 뒤 노르 등이 특히 인기다.

다만 프레르(Dammann Freres)
가볍고 깔끔한 맛이 돋보인다. 최초로 가향차를 개발했다.

떼오도르(Theodor)
모던하고 감각적인 패키지 디자인과 좋은 품질의 시너지가 돋보인다.
가향차, 녹차, 허브티 등 다양한 차를 베이스로 다룬다.

마리아주 프레르(Mariage Frères)
오랜 전통을 자랑하는 브랜드.
웨딩임페리얼이나 마르코 폴로 같은 은은한 가향차가 인기다.

벳쥬망 앤 바통(Betjeman & Barton)
1919년에 설립된 브랜드. 주로 홍차, 허브티를 다룬다.
캐러멜, 애플, 에덴로즈 등이 유명하다.

샹달프(St.Dalfour)
강렬한 색의 티백이 눈길을 끄는 브랜드. 히말라야와 스리랑카의 다원에서
유기농 재배한 찻잎은 현지에서 즉시 가공하여 맛과 향이 살아있다.

에디아르(Hediard)
포숑과 함께 프랑스를 대표하는 고급 식품점 에디아르의 홍차.
얼 그레이와 시그니처 블렌딩인 에디아르 블렌드가 가장 인기다.

자넷(Janat)
두 마리의 고양이에 모티브를 얻어 탄생한 브랜드답게
귀엽고 깜찍한 느낌의 가향차를 다수 보유하고 있다.

쿠스미(Kusmi Tea)
깔끔한 맛의 쿠스미 티는 직사각형의 모슬린 티백이 특히 유명하다.

팔레데떼(Palais des Thés)
차 애호가와 전문가 50명이 모여 만든 티 브랜드.
전 세계 20개국 이상의 산지와 거래하며 최상의 찻잎을 선택한다.

포숑(Fauchon)
애플티가 특히 유명하다. 프랑스의 아침,
파리의 저녁 등 감성적인 네이밍이 돋보인다.

| 개성을 드러내다, 미국

마이티립(Mighty Leaf)
티백에도 분쇄하지 않은 찻잎을 사용하는 것이 특징이다.

비글로(Bigelow)
부드럽고 은은한 향이 일품이다. 홍차와 허브티 라인 모두 탄탄하다.

셀레셜 시즈닝스(Celestial Seasonings)
다양한 블렌딩의 홍차, 허브티, 과일차 라인을 갖추고 있다.
귀여운 일러스트가 새겨진 패키지도 인기 요인 중 하나다.

스태시(Stash)
굉장히 다양한 가향차를 구비하고 있는 브랜드.

요기(Yogi)
미국과 독일에 본사를 두고 있는 글로벌 허브티 브랜드.
요가 사상과 아유르베다 치료법에 영향을 받았다. Bedtime이 대표적인 티다.

타조 티(Tazo Tea)
글로벌 커피 전문점 스타벅스가 인수하여 우리에게도 익숙한 차 브랜드.
특히 타조 차이 티가 인기다.

티 포르테(Tea Forté)
피라미드 모양의 티백과 나뭇잎 모양의 티 태그가 독특한 브랜드.

하니 앤 손스(Harney & Sons)
200가지 이상의 최상급 찻잎 셀렉션을 보유한 브랜드로
부드럽고 깔끔한 맛을 자랑한다. 파스텔톤의 티백과 타가롱이 인기다.

| 차와 사랑에 빠지다, 일본

루피시아(Lupicia)
일본 최대 규모의 티 브랜드. 홍차, 녹차, 우롱차 등을 모두 다룬다.

실버팟(Silver Pot)
다양한 가향차를 구비한 브랜드.
한정판과 신상을 매우 빠른 속도로 출시하고 사라져 구매욕을 자극한다.

애프터눈 티(Afternoon Tea)
애프터눈 티 문화를 일본에 전달하고자 시작한 브랜드.
그러나 차보다는 다구로 유명하다.

카렐 차펙(Karel Capek)
압도적인 신선도를 자랑하는 홍차 전문점.
시즌별로 달라지는 틴의 일러스트는 구매욕을 불러일으킨다.
브리티시 모닝이 꾸준히 인기다.

홍차의 최대 생산지, 인도 & 스리랑카

프리미어스 티(Premier's Tea)
스틱형 티백이 독특한 Silver Magic Wand 시리즈가 눈길을 끈다.
그중 Celebration은 감칠맛 나는 아삼에 열대 과일향을 블렌딩했다.

딜마(Dilmah)
스리랑카의 대표적 티 브랜드. 파인애플이나 바나나 등의 과일 가향 홍차가 특히 인기다.

믈레즈나(Mlesna)
달콤한 꽃향기가 더해진 아이스티가 특히 유명한 스리랑카의 티 브랜드.

스타센(Stassen)
스리랑카 최고의 유기농 티 메이커. 세계 최초로 인정받은 유기농 다원을 보유했으며
이곳에서 생산한 찻잎을 토대로 다양한 라인의 차를 만들어낸다.

아크바(Akbar)
스리랑카 최대의 수출업체. 제대로 된 실론티를 맛보고 싶다면 꼭 시도해볼 것.

그 밖의 나라

TWG
1837년 상공회의소 설립으로 동서양 차 무역의 중심이 된 싱가포르의 대표 홍차 브랜드.
시그니처 틴인 1837 블랙티는 달콤하면서도 깔끔하게 떨어지는 맛이 일품이다.

로네펠트(Ronnefeldt)
독일의 대표적인 티 브랜드로 200년의 역사를 자랑한다.
두바이의 7성급 호텔에서도 서비스되는 명품 티다. 홍차 외에 루이보스도 인기가 있다.

소넨토르(Sonnentor)
오스트리아의 허브티 브랜드.

보노멜리(Bonomelli)
이탈리아의 허브티 브랜드.
향긋한 사과향이 일품인 캐모마일 티가 특히 인기다.

티센터 오브 스톡홀름(The Tea Centre of Stockholm)
스웨덴의 티 브랜드.
화려한 블렌딩과 향이 특징이다.

바리스(Barry's)
아일랜드의 티 브랜드.
아이리시 브랙퍼스트는 클래식으로도 밀크티로도 최고의 맛이다.

네라다(Nerada)
호주의 대표 티 브랜드.
아삼에 바닐라 향을 더한 크림 티가 유명하다.

PUBLISHER
전재국 Jaekook Chun

SUPERVISOR
김용진 Yongjin Kim
정의선 Euiseon Jeong

EDITOR-IN-CHIEF
김주현 Juhyun Kim

EDITOR
성스레 Seure Sung

PHOTOGRAPHER
Paulina

DESIGNER
한아름 Areum Han

MARKETER
사공성 Seong Sagong
신지철 Jichul Shin
정은아 Eunah Jeong

PRINTING
동인AP Dong-in AP

SPECIAL THANKS
이동은 Dongeun Lee

2017년 8월 25일 창간
등록번호 파주, 라00047

블루진 BLUZINE
경기도 파주시 문발로 171 (문발동, 북씨티) 2F
031-955-5981, www.bluzine.com